MÉMOIRE

SUR

L'INDÉPENDANCE DE L'UKRAINE

PRÉSENTÉ A LA

CONFÉRENCE DE LA PAIX

PAR

LA DÉLÉGATION DE LA RÉPUBLIQUE UKRAINIENNE

PARIS
1919

MÉMOIRE

SUR

L'INDÉPENDANCE DE L'UKRAINE

MÉMOIRE

SUR

L'INDÉPENDANCE DE L'UKRAINE

PRÉSENTÉ A LA

CONFÉRENCE DE LA PAIX

PAR

LA DÉLÉGATION DE LA RÉPUBLIQUE UKRAINIENNE

PARIS
1919

I

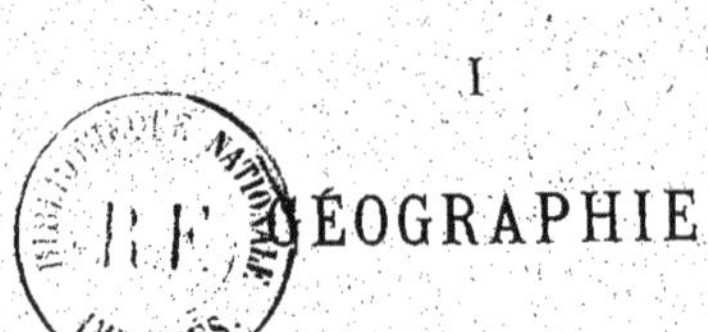

GÉOGRAPHIE

1. Le Territoire

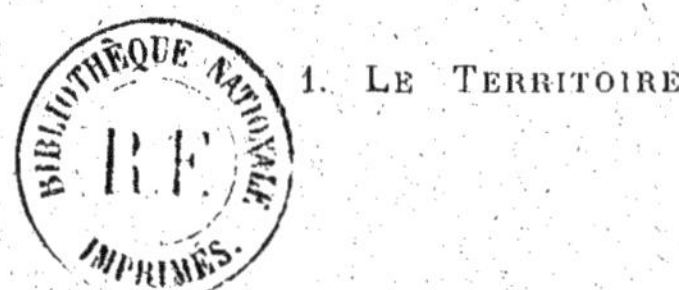

L'Ukraine est, dans le sens géographique, un territoire uniforme et très étroitement lié au rivage de la Mer Noire dans laquelle tous les fleuves ukrainiens déversent leurs eaux, tandis qu'aucun ne franchit ses frontières pour s'écouler en Russie.

La République Ukrainienne n'a pas encore de limites politiques définitivement fixées; mais ses frontières ethnographiques sont parfaitement nettes.

Ni ses voisins constants, les Polonais, les Hongrois, les Roumains et les Russes, ni les hordes nombreuses des nomades d'Asie, les Huns, les Avares ,les Tatares, etc., n'ont été assez puissants pour enlever aux Ukrainiens les territoires où ils s'étaient établis les premiers, et pour empêcher leur colonisation de s'étendre jusqu'aux rives de la Mer Noire, au pied du Caucase et, plus loin, à l'est, en Sibérie et au Turkestan.

Si l'on considère comme appartenant à l'Ukraine tout le territoire habité par le peuple ukrainien, sa superficie totale s'élève à près de 85o.ooo kilomètres carrés.

Région de Kiev (Kievchtchina)	.	51.000	kilomètres.
—	Podolie	42.000	—
—	Volhynie	72.000	—
—	Tchernigov	49.000	—
—	Poltava	50.000	—
—	Kharkov	55.000	—
—	Ekaterinoslav . . .	63.000	—
—	Kherson	71.000	—
—	Kholm.	11.000	—

Région de Galicie orientale . .	54.500 kilomètres	
— Bukovine ukrainienne	5.000	—
— Ukraine hongroise .	14.000	—
— Bessarabie ukrainienne	14.000	—
— Tauride (trois districts)	35.000	—
— Don ukrainien. . . .	25.000	—
— Kouban	54.000	—
— Stavropol ukrainien.	20.000	—
— Tchornomore (mer Noire) . . . , . .	8.000	—
— Voronèje ukrainien.	29.000	—
— Koursk ukrainien .	12.500	—
— Polissia (partie ukrainienne de la région de Minsk et de Mohilev)	30.000	—
— Pidlachia (partie ukrainienne de la région de Grodno).	14.000	—

Si l'on comprend dans le territoire ukrainien la Crimée (23.000 kilomètres carrés) et la partie du Caucase (par exemple le Terèk) où, bien que les Ukrainiens ne soient pas en majorité, ils forment cependant une proportion appréciable en regard de celle des autres populations, l'Ukraine est territorialement plus grande qu'aucune autre nation de l'Europe, la Russie européenne exceptée.

L'Ukraine ethnographique se trouve entre le 44° et le 53° de latitude (Pidlachia-Kouban), et entre le 30° et le 45° de longitude, région de Lemke (Lemkevchina), région au delà du Don (Zadontchina), c'est-à-dire qu'elle a plus de 600 kilomètres de largeur et que sa longueur dépasse 1.000 kilomètres. Ce territoire est le prolongement des plaines de l'Europe Orientale qui, n'ayant pas de barrières naturelles, offre une voie commode aux hordes nomades dans leur marche vers l'Ouest. Le peuple ukrainien a colonisé tout le territoire qui s'étend des Carpathes au Caucase, des marais de Pinsk aux bords de la Mer Noire, l'a cultivé et, le sabre à la main, l'a conservé pendant plus de mille ans.

L'Ukraine n'a pas de limites naturelles nettement définies, principalement à sa frontière orientale et dans une partie de sa frontière occidentale. Elle est, cependant, d'une autre formation que la Russie et la Pologne par son origine géologique et les éruptions volcaniques. La plus grande partie de son territoire est plate, avec çà et là de petits mamelons. Les montagnes se trouvent au Sud (Monts de Crimée), au Sud-Est (Caucase) et à l'Ouest (Carpathes). De toutes ces montagnes les Carpathes jouent le plus grand rôle dans la vie du peuple ukrainien (elles abritent les Lemky, les Boïky et les Houtsouly). De leurs principaux sommets descendent de très nombreux contreforts tout le long desquels courent les plateaux de Pidguirria, de Peremychl à Koloméia.

Les villages ukrainiens s'étendent jusqu'au bas des montagnes de la Crimée et du Caucase; mais ils s'y rencontrent côte à côte avec d'autres villages habités par une population différente de langue et de nationalité (population tatare ou autre). Les montagnes du Caucase, comme celles des Carpathes, sont très importantes pour l'Ukraine à cause des richesses forestières et pétrolifères qu'elles renferment : les premières, dans les régions de Maïkop, les secondes, dans les régions de Drogobytch. Quant aux monts de Crimée, ils sont coupés par des vallées où de nombreux jardins fournissent leurs primeurs, et où des vignobles ensoleillés donnent d'abondants et délicieux raisins.

Une grande partie du territoire ukrainien se compose de plateaux qui, séparés les uns des autres par des vallées, partent des bords de la Mer Noire pour se diriger vers l'Est et l'Ouest. Les plateaux occidentaux s'étendent, en Podila, de la vallée du Dnièstr à celle du Boug, puis passent en Pocoutia, entre le Dnièstr et le Prouth et vont jusqu'en Dobroudja, entre le San et le Boug; ils prennent le nom de Rostotcha; puis entre le Boug, le Teterev et le Pripet, ils s'appellent Volhynie et se joignent aux plateaux du Dnièpr placés entre le Teterev, le Dnièpr et le Boug. Les plateaux orientaux vont du Dnièpr au Donetz, lequel est riche en charbon et en minerai de fer.

Tous ces plateaux, connus sous le nom de « plateaux de la Mer Noire » n'atteignent pas 500 mètres au-dessus du niveau de la mer (leur moyenne est de 300 mètres). D'altitude sensiblement égale, ils forment ce qu'on appelle « la terre noire » et ont une grande fertilité (le Nord seul est sablonneux et argileux). Mais ils ne sont pas tous livrés à l'agriculture : les forêts y occupent de vastes étendues.

Les plaines septentrionales partent de Pidlacha, ligne de partage des eaux du Boug et du Pripet, et s'étendent jusqu'à Rostotcha et Polissa, vers le bassin du Pripet. La campagne qui se déploie sur la rive gauche du Dnièpr va jusqu'aux cataractes de ce fleuve. Les plaines méridionales de la mer Noire s'étalent entre le plateau de Podolie, le plateau du Donetz, l'embouchure du Don et celle du Danube. La partie septentrionale de la vallée est couverte de sable, de marais, de tourbe et, en certains endroits, de vastes forêts. Jadis il y avait là un grand lac. Au Sud, l'immensité des steppes se déroule avec, çà et là, des tertres et des tombeaux. Près du Dnièpr, le sable alterne avec un humus très fertile et, parfois, en est séparé par des steppes; sur les rives mêmes du fleuve, on voit des prairies et des terrains marécageux.

Les montagnes ukrainiennes, les plateaux et les vallées sont sillonnés par de nombreux cours d'eau qui, les uns tumultueux, les autres paisibles, se dirigent vers la Mer Noire ou la Mer d'Azov.

Les fleuves ukrainiens qui se jettent dans la Mer Noire sont le Dnièpr, le Dnièstr et le Boug. Le Dnièpr est le fleuve le plus important de l'Ukraine qu'il traverse dans toute sa longueur. C'est sur la rive droite de ce fleuve que se trouve Kiev, la capitale de l'Ukraine. A l'époque déjà ancienne (IXᵉ-XIIᵉ siècles), où les comtes ukrainiens régnaient à Kiev, le Dnièpr était heureusement utilisé pour les relations commerciales entre l'Ukraine et l'Etat byzantin; et, plus tard (XVIᵉ-XVIIᵉ siècles), il servit à d'autres fins, quand le peuple ukrainien, dirigé par des chefs célèbres, eut à lutter contre la Pologne ou contre Moscou, pour garder son indépendance. Actuellement, le Dnièpr est d'une importance capitale pour la vie économique de l'Ukraine. Il est la meilleure voie de communication pour tout le pays qu'il peut mettre, par la mer Noire, en relations directes avec le monde entier.

Le Dnièpr prend sa source dans la Russie-Blanche. Quand il entre en Ukraine, ses eaux sont déjà abondantes, puisqu'à Kiev il atteint 850 mètres de largeur. Dans son cours inférieur, en aval d'Ekaterinoslav, des rochers de granit surgissent de son lit et forment des cascades qui se continuent jusqu'à Alexandrovsk, empêchant toute navigabilité sur un parcours de 53 kilomètres. Kiev est, de ce fait, privé de toute communication fluviale avec les ports de la Mer Noire. Mais si, comme le font espérer les travaux déjà commencés, un canal rend navigable cette partie du Dnièpr et si, d'autre part, on sait utiliser les énergies des cascades (houille blanche), Kiev et Kherson seront directement reliés.

Le Dnièpr est, par sa longueur, le troisième fleuve de l'Europe; il a un cours de 2.100 kilomètres, dont plus de 1.500 navigables en Ukraine. Ses affluents très nombreux sont : sur la rive droite, la Beresina, le Pripet grossi du Styr et du Sloutch, le Teterev et la Stougna; sur la rive gauche, la Desna grossie du Seym, la Soula, le Psiol, la Vorskla, l'Orel et la Samara. Le bassin du Dnièpr comprend la moitié du territoire ukrainien.

Le Dnièstr, qui prend sa source dans les Carpathes ukrainiennes, est le grand fleuve de l'Ukraine Occidentale. Le long d'un cours de 1.300 kilomètres, il reçoit : sur la rive droite, la Bystrytsa, le Stryi, la Suitcha, la Lymnytsa et la Vorona; sur la rive gauche, le Strviage, la Veresytsa, la Gnyla et Solota Lypa, le Sereth. le Zbroutch, le Smotrytch et l'Iagorlyk.

Le Boug, qui coule en Podolie, a pour affluents la Synukha et l'Ingoul.

Le Don, fleuve de l'Ukraine Orientale, a pour affluents le Voronèje, le Manytch, le Donetz et le Bakhnout et se jette dans la mer d'Azov.

Le Kouban prend sa source dans les monts du Caucase et, grossi de la Laba et de la Bila, déverse ses eaux, par deux embouchures, dans la Mer d'Azov et dans la Mer Noire.

Beaucoup d'autres cours d'eau, mais inutilisables pour la navigation, arrosent l'Ukraine.

Celle-ci possède quelques lacs. Au Nord, en Polissya, se trouvent le lac Kniaz et le lac Vyganovské; dans le Kouban, le lac Manytch; près d'Odessa, le lac Bilé; près du Dnièpr, le lac Kraukové; près du Donetz, le lac Soloné; dans les montagnes des Karpathes, le lac Chebené qui a 850 mètres de long et 200 mètres de large. Dans les Carpathes et en Polissia, certains lacs ont jusqu'à 40 kilomètres de long et 10 de large.

Un des plus grands avantages de l'Ukraine est d'avoir la majeure partie de sa frontière méridionale baignée par la Mer Noire. Cette mer a déjà joué un grand rôle dans l'histoire du peuple ukrainien qui, en entretenant grâce à elle des relations commerciales directes avec l'Etat byzantin, a pu développer par ce contact sa civilisation et son éducation. Aujourd'hui, la Mer Noire est appelée à avoir sur les destinées de l'Ukraine une influence capitale.

La Mer d'Azov, que la presqu'île de Crimée sépare de la Mer Noire, fait en somme partie de cette mer avec laquelle elle communique par le détroit de Kertch.

Les principaux ports que l'Ukraine possède tant sur la Mer Noire que sur la Mer d'Azov sont : Odessa, Nikolaiev, Kherson, Sébastopol, Théodosie, Mariopol, Berdiansk, Rostov, Taganrog et Novorosüsk. Par ces ports l'Ukraine importe et exporte une grande quantité de marchandises et de produits manufacturés : du blé, du charbon, du minerai, du sucre, etc.

La Mer Noire et la Mer d'Azov sont très poissonneuses, et, sur leurs rivages, les industries qu'approvisionnent les pêcheurs sont fort développées.

L'Ukraine a un climat franchement continental. Ce climat est excellent, et il serait meilleur encore si les Carpathes n'étaient pas un obstacle aux vents chauds de l'Ouest et si l'Ukraine était garantie des vents de l'Est qui apportent avec eux la sécheresse et les gelées, surtout dans les régions situées sur la rive gauche du Dnièpr. Quant aux régions de la rive droite, elles jouissent d'un climat très analogue à celui de la France. Le printemps est court en Ukraine, mais plus beau et plus chaud que dans les pays de l'Europe Occidentale. Il cède la place, presque sans qu'on s'en aperçoive, à un été très chaud et qui dure trois à quatre mois. Celui-ci est remplacé par un automne fort doux, auquel succède un hiver qui ne dure guère que de soixante-dix à quatre-vingts jours, et sans trop de rigueur.

Il y a en Ukraine beaucoup de stations climatériques et balnéaires, dont les plus importantes se trouvent dans les Carpathes, en Crimée et au Caucase, et des sources minérales dont la qualité ne le cède en rien aux sources les plus célèbres de l'Europe Occidentale.

La végétation, assez riche et variée, peut se diviser en végétation septentrionale et en végétation méditerranéenne. La première se subdivise en végétation de la zone montagneuse, de la
zone forestière et de la zone des steppes. La végétation de la zone
montagneuse consiste surtout en conifères : pins, sapins,
cèdres, etc. La végétation de la zone forestière (laquelle comprend
1/5 de l'Ukraine) se rencontre au Nord et au Sud-Ouest. Abondantes en conifères, les forêts ukrainiennes ont aussi des hêtres, des
chênes, des charmes, des érables, des trembles, des frênes, des
peupliers, des aunes, des saules, des tilleuls, des ormes, etc.
Dans la zone des steppes, elles sont moins nombreuses. Dans les
régions de Kharkov et de Poltava, il y a déjà beaucoup moins de
bois que dans la zone forestière; et, dans les régions de Kherson
et d'Ekaterinoslav, il n'y en a presque pas. Cette zone des
steppes se continue jusqu'à la Mer Noire et possède une végétation spéciale. La végétation de la zone méditerranéenne (Crimée
et Ciscaucasie) comprend le laurier, l'olivier, le cyprès, le
myrthe, etc.

Le peuple ukrainien aime les arbres et les fleurs pour qui le
peuple russe a une indifférence presque absolue. Dans toutes les
campagnes ukrainiennes, de nombreux jardins entourent les villages et les hameaux.

Dans l'Ukraine méridionale, il y a beaucoup de vignobles,
surtout dans les gouvernements de Kherson et de Tauride où,
comme dans toute l'Ukraine l'on cultive également les céréales et
les légumes, les betteraves et le tabac, dont la récolte est considérable. Là, le terrain est extrêmement fertile : le coton, le riz et les
gommiers y poussent avec un certain succès.

La faune ukrainienne est plus uniforme que sa végétation,
et ses produits appartiennent au Nord européen.

Dans les montagnes de l'Ukraine, on rencontre l'ours, le
cerf, le chamois, le blaireau, etc. Dans les zones forestières, vivent
quelques loups, des renards, des écureuils, des lièvres, etc. Dans
les steppes, on trouve le zizel, le bobal, la gazelle, le rat-
taupe. Dans toutes les eaux ukrainiennes habitent la loutre et,
près de tous les villages, le putois.

Les oiseaux sont nombreux en Ukraine. Dans les montagnes
nichent l'aigle et le faucon; dans les champs, le coq de bruyère, la

perdrix, la caille, la bécasse, la tourterelle, le geai, le sanson-
net, etc. Le rossignol, le coucou, l'hirondelle et la cigogne
égaient tous les villages ukrainiens. Dans les steppes, près de
l'eau, habitent le cygne, la grue, la mouette et le héron.

Les animaux domestiques sont, en Ukraine, le cheval, le
bœuf, la vache, les brebis, le porc, le chien, la chèvre. Il y a de
très bonnes races de bétail qui s'appellent les races gris-ukrai-
niennes. Les basses-cours sont peuplées d'oies, de coqs, de
poules, de dindes, de pintades. Les fleuves abondent en pois-
sons : dans les eaux descendant des montagnes la truite foisonne,
tandis que, dans les eaux coulant le long des vallées, nagent la
silure, la perche, la tanche, le brochet, et, dans les eaux des
steppes, l'esturgeon, la brème, le *saudat*, etc.

Les abeilles prospèrent aussi en Ukraine, et la récolte du
miel y est particulièrement importante, alors que l'élevage du
ver à soie ne commence qu'à s'y organiser.

En résumé, l'Ukraine a une faune et une flore aussi variées
que celles des autres pays.

A tous les points de vue, elle se distingue des Etats voisins.
Les conditions climatériques et les richesses naturelles ont donné
à sa population des habitudes de travail, le goût de l'industrie et
l'amour d'un territoire qu'elle a défriché, qu'elle a fertilisé, et
dont on ne peut lui contester la propriété millénaire.

2. Population

Le territoire ethnographique actuel de l'Ukraine compte près de 5o.ooo.ooo d'habitants. En indiquer le nombre exact est chose très difficile, car dans l'ancien empire russe, comme d'ailleurs dans certaines parties de l'empire austro-hongrois, il n'y a jamais eu de recensement rigoureux.

L'Ukraine avait, au début de la guerre, une population qui se répartissait ainsi :

Gouvernements	Habitants
Kiev	4.792.500
Poltava	3.792.100
Podolie	4.057.300
Volhynie	4.189.000
Tchernigov	3.200.000
Ekaterinoslav	3.455.000
Kharkov	3.416.000
Kherson	3.774.600
Kholm	900.000
Galicie orientale	5.378.650
Bukovine ukrainienne	460.430
Ukraine hongroise	568.490
Bessarabie ukrainienne	787.700
Grodno (Pidlachia, 3 districts)	715.500
Minsk (Polyssia, 2 districts)	469.700
Tauride (3 districts)	1.324.100
Don (2 districts)	1.196.600
Koursk (4 districts)	780.250
Voronèje (5 districts)	1.519.250

Gouvernements	Habitants
Kouban (4 districts)	1.763.800
Stavropol (2 districts)	492.500
Tchornomore (Mer Noire)	200.000
Crimée	700.000

Si à ces chiffres on ajoute celui de la population ukrainienne qui habite certaines parties des districts limitrophes du territoire ukrainien sans y former une majorité absolue, par exemple les gouvernements de Koursk, de Voronèje, du Don, de Stavropol, du Kouban, de la Bessarabie et du Terék, ont atteint facilement les 5o.ooo.ooo que nous avons donnés comme chiffre de la population de la République Ukrainienne.

Dans ces 5o.ooo.ooo d'habitants sont compris 75 % d'Ukrainiens, soit 37.5oo.ooo. Si l'on considère que beaucoup d'Ukrainiens, environ 3.ooo.ooo d'après les derniers recensements, habitent en dehors des frontières ethnographiques de l'Ukraine, par exemple, en Sibérie, au Turkestan, au Caucase, en Russie européenne (près du Volga), que 5oo.ooo vivent aux Etats-Unis, 2oo.ooo au Canada, 1oo.ooo en Argentine et au Brésil, le chiffre total des Ukrainiens qui vivent dans le monde entier s'élève à 41 ou 42 millions.

Il résulte de ce chiffre que, quantitativement, le peuple ukrainien tient une des premières places parmi les peuples européens.

Dans le centre de l'Ukraine, le pourcentage en faveur des Ukrainiens atteint dans les gouvernements de Poltava 93, de Kiev 8o, de Podolie 81, de Kharkov 81. En Galicie, dans le gouvernement de Kholm, ce pourcentage descend à 70. A l'Est, dans les gouvernements du Don et du Kouban, il descend à 6o, et au Sud, dans les gouvernements de Kherson et de Tauride, à 6o et même à 55.

Parmi la population non ukrainienne qui habite le territoire ukrainien, la plus nombreuse est la population russe : celle-ci atteint un peu plus de 9 %, c'est-à-dire qu'elle comprend à peu près 4 millions et demi d'individus. Dans ce nombre sont comptés tous les fonctionnaires russes et les Ukrainiens que la crainte de perdre leurs fonctions a poussés à se déclarer Russes, mais qui, depuis la renaissance de l'Etat ukrainien, ont recouvré leur ancienne nationalité. La plupart des Russes se trouvent dans les districts de Tchernigov, de Koursk, de Véronèje, du Don, du Kouban. de Stavropol et dans les régions de la Mer Noire.

La seconde place est tenue par les Juifs qui sont au nombre de 3.800.000, c'est-à-dire qui forment 7,6 % de la population totale. Ils sont dispersés sur tout le territoire ukrainien; mais ils habitent surtout les villes, et notamment celles de la rive droite du Dnièpr. Dans les régions de l'Ukraine Orientale et près de la frontière russe, on voit très peu d'Israélites, car le gouvernement russe leur interdisait de vivre là.

Les Polonais, qui sont en Ukraine au nombre de 2.000.000 environ, forment à peu près 4 % de la population. Ce chiffre est inférieur à celui des statistiques officielles qui comptent comme Polonais, surtout en Galicie, tous les Ukrainiens catholiques dont le nombre s'élève à 200.000 environ.

Le quatrième rang est occupé par les Allemands qui constituent 1,6 % de la population avec près de 800.000 individus. Ceux-ci ne vivent pas en villages groupés dans telle ou telle région. mais éparpillés dans quelques districts des gouvernements de Kherson, d'Ekaterinoslav, de Tauride, de Volhynie et de la Bukovine.

Telles sont les principales populations non ukrainiennes qui se trouvent sur le territoire ethnographique ukrainien, mais il y en a d'autres, dont aucune d'ailleurs n'atteint un pourcentage supérieur à 1.

Parmi celles-ci, la première place revient aux Roumains (Moldaves) dont le nombre est à peu près de 400.000. Ils habitent dans les districts des gouvernements de Kherson, de la Bessarabie et de la Bukovine.

Puis viennent les Tatares qui, au nombre de 300.000, vivent surtout dans le district méridional de Crimée et dans une partie du gouvernement d'Ekaterinoslav (le district de Marioupol), — les Blancs-Russes (250.000) qui se trouvent au Nord de l'Ukraine, — les Bulgares (près de 150.000) qu'on rencontre dans les districts d'Akermann et d'Ismaël, en Bessarabie, et dans le district de Berdiansk, en Tauride, — les Grecs (100.000), les Arméniens (55.000), les Tchéco-Slovaques (55.000), les Hongrois (35.000), les Tcherkess (30.000) et les Turcs (25.000).

En somme, la population qui vit sur le territoire ukrainien se répartit ainsi par nationalités :

Ukrainiens	37.500.000 ou 75 0/0
Russes	4.500.000 ou 9 0/0
Juifs.	3.800.000 ou 7.6 0/0
Polonais	2.000.000 ou 4 0/0
Allemands.	800.000 ou 1.6 0/0
Divers : (Roumains, Tatares, Blancs-Russes, Bulgares) .	1.400.000 ou 2.8 0/0

La grande majorité de la population (80 %, c'est-à-dire 40.000.000 d'individus) vit dans les villages et les hameaux, tandis que les villes et les bourgs ne sont habités que par 20 % de la population.

Comparativement aux autres pays, l'Ukraine est fort peuplée puisqu'elle a une moyenne d'habitants (70 par kmq) presque égale à celle de la France (74 habitants par kmq). Mais si l'on ne considère que sa population villageoise, elle est beaucoup plus peuplée que la France et que l'Italie; car elle compte 64 habitants par kmq.

Prises isolément et comparées les unes aux autres, les régions ukrainiennes sont très inégalement peuplées. C'est ainsi que dans le district de Cernovitz (Bukovine) il y a 239 habitants par kmq., ce qui donne pour ce district une proportion égale à la densité moyenne de l'Angleterre. Dans le district de Stanislaviv (Galicie), il y a 190 habitants par kmq; dans le district de Kiev, il y en a 159; dans celui de Karkov, 154; mais, dans le district de Marmorosh (Ukraine hongroise), il n'y en a que 25, dans celui d'Ekaterinodar (Kouban) que 20, et dans celui de Mosyr (Polissia) que 17. Donc, si la densité était sur tout le territoire ukrainien la même que dans le district de Kiev, la population de l'Ukraine s'élèverait à près de 112.000.000 d'habitants, et, si elle était partout ce qu'elle est dans le district de Cernovitz, son chiffre serait plus de trois fois plus grand qu'il n'est en ce moment, c'est-à-dire s'élèverait à 180.000.000 d'individus.

La population urbaine de l'Ukraine est très variée. Il arrive parfois que la majorité des habitants d'une ville ne soit pas ukrainienne, bien que les Ukrainiens forment 50 % de la population urbaine du pays, c'est-à-dire comptent 5 millions d'individus vivant dans les villes. L'autre moitié est composée de Juifs, de Russes, de Polonais, de Grecs, d'Arméniens, etc.

Les Ukrainiens et les Juifs habitent dans toutes les villes de l'Ukraine et forment les principaux groupes de la population urbaine, alors que les Russes ont un pourcentage appréciable seulement à l'Est et les Polonais seulement à l'Ouest. Au Sud de l'Ukraine, surtout sur les rives de la Mer Noire, la population des villes est très diversement composée.

Les principales villes de l'Ukraine sont : Kiev, la capitale, dont la population actuelle s'élève à plus d'un million d'âmes, — Odessa (8oo.ooo habitants), grand port de commerce sur la Mer Noire, — Lemberg (Lviv) (4oo.ooo habitants), centre principal de l'Ukraine Occidentale, — Kharkov (35o.ooo habitants), centre principal de l'Ukraine Orientale, — Ekaterinoslav (3oo.ooo habitants), centre principal de l'Ukraine Méridionale, —. Rostov (25o.ooo habitants), grand port commercial, — Ekaterinodar (2oo.ooo habitants), centre principal du Kouban, — Kherson, Nikolaiev, Sébastopol, Cernovitz, Krementshug, Vinnitza, Berditchiv, Soumy, Elisabethgrade, Jytomir, Nijyn, Simferopol, qui ont de 1oo à 15o.ooo habitants. D'autres grandes villes ont une population qui s'élève entre 5o et 1oo.ooo habitants.

Possesseur d'un grand territoire, le peuple ukrainien a su, en dépit des événements historico-politiques, conserver son unité ethnographique. Les montagnards des Carpathes, les Cosaques du Kouban, les Ukrainiens du Nord (Pintchouki) et les Ukrainiens des rives de la Mer Noire, se savent les membres d'un même peuple. Uni par la même langue, par la même tradition historique, par la même religion et par la même culture, ce peuple a su toujours résister courageusement aux convoitises annexionnistes des peuples voisins, Polonais, Russes et Roumains.

Fait tout à fait digne de remarque, les traits qui caractérisent un peuple, — les coutumes, les rapports familiaux et civiques, les chants populaires, les vêtements, le type des maisons et de leurs dépendances, le mobilier, — ne se sont pas seulement conservés presque en entier sur tout le territoire ukrainien, distinguant ainsi la population ukrainienne de ses voisines, mais ils ont été gardés pieusement par les Ukrainiens que des circonstances particulières ont obligés à émigrer en Sibérie, au Turkestan ou en Amérique. Et ce fait s'explique par ceci que le peuple ukrainien, étant un peuple éminemment agricole et paysan, est, par là même, conservateur des formes de sa vie sociale, de sa vie publique, de ses mœurs et de ses manières de vivre.

Les Ukrainiens ont divers caractères particuliers qui les distinguent des autres peuples et qui sont assez précis pour qu'on ne les confonde point avec leurs voisins eux-mêmes, Russes et Polonais. On sait que les Slaves forment deux groupes différents : le premier est caractérisé par sa taille élevée, son visage rond et ses cheveux noirs, — le second par sa petite taille, son visage ovale et ses cheveux blonds. Au premier groupe appartiennent, d'après les anthropologistes, les Serbo-Croates, les Slovènes, les Tchéco-Slovaques et les Ukrainiens. Le deuxième groupe comprend les Russes, les Polonais, les Blancs-Russes et les Slaves qui habitent sur les bords de l'Elbe. Et ce ne sont pas seulement les anthropologistes ukrainiens comme l'académicien T. Vovkov et le professeur Rakovski qui ont démontré, chiffres en mains, l'exactitude de cette classification, mais aussi les Russes Popov et Krasnov et les Français Deniker et Reclus.

Par la taille, les Ukrainiens sont plus grands que tous les autres peuples slaves : leur hauteur moyenne est de $1.670^m/_m$, alors que les Blancs-Russes n'ont que $1.651^m/_m$, les Polonais $1.654^m/_m$ et les Russes $1.657^m/_m$.

En moyenne, les Ukrainiens ont les jambes plus longues et les bras plus courts que ne les ont les Russes et les Polonais. Les caractères anthropologiques les plus importants se présentent très différemment pour les Ukrainiens, les Russes et les Polonais. Les Ukrainiens ont une tête plus ronde avec index de la tête qui atteint 83,2; les Polonais viennent ensuite avec index 82,1, puis les Russes avec index 82,3. Les trois peuples sont brachycéphales; mais les dimensions du crâne ne sont pas les mêmes. Enfin la dernière caractéristique essentielle au point de vue anthropologique, la couleur des yeux et des cheveux, distingue les Ukrainiens des Russes et des Polonais. Sur 100 individus, 29,5 Ukrainiens ont les cheveux blonds et les yeux de couleur claire, 35 ont les cheveux châtains et les yeux gris, et 35,5 ont les cheveux et les yeux noirs, alors que, sur le même nombre d'individus, les Russes en ont 37 avec les cheveux blonds et les yeux clairs, 41 avec les yeux gris et les cheveux châtains et 22 avec les cheveux et les yeux noirs, et les Polonais en ont 35 avec les cheveux blonds et les yeux clairs, 46 avec les yeux gris et les cheveux châtains et 19 avec les yeux et les cheveux noirs.

En conséquence, ce pourcentage range parmi les peuples aux cheveux et aux yeux noirs les Ukrainiens qui, par de nombreux autres signes, se rapprochent, au dire de Deniker, de la race adriatique, tandis que les Russes et les Polonais prendraient plutôt rang dans la race vislienne. Signalons, d'autre part, que les études des anthropologistes sur le peuple ukrainien ont été faites en différents endroits de l'Ukraine ethnographique et qu'elles ont partout donné le même résultat. C'est dire que ces études confirment l'unité ethnographique du peuple ukrainien, des Carpathes au Caucase, des rives de la mer Noire aux frontières du septentrion.

II

HISTOIRE

Le peuple ukrainien compte plus de 40 millions de nationaux, il a son territoire propre, une histoire et une culture propres. Il a donc tous les droits de former un Etat et de vivre indépendant au milieu des peuples de l'Europe. Au cours des siècles, il a toujours montré son amour de la vie libre; et le joug sous lequel il a été placé pendant plus de deux cents ans ne lui a rien fait perdre de son esprit national.

Si, pendant le dernier siècle, les Européens ont tenu peu de compte de ce peuple, il était bien connu d'eux durant les siècles précédents. En 1650, le Français Levasseur de Beauplan publiait sa *Description de l'Ukraine* accompagnée de cartes explicatives. Peu après (en 1672), l'Anglais Edward Brown donnait une introduction anglaise au livre dans lequel le Français Chevalier exposait la situation de l'Ukraine à cette époque.

La presse anglaise d'alors s'est intéressée aux événements de l'Ukraine, surtout au cours de la guerre ukraino-polonaise sous l'hetman Bohdan Khmelnytzki (à partir de 1652). Certaines publications, notamment le *Mercurius Politicus*, le *Several Proceedings*, le *Perfect Diurnal*, en font mention (1).

Voltaire, dans son *Histoire de Charles XII*, constate que l'Ukraine a toujours « aspiré à être libre ». Dans ses mémoires, Mme de Staël parle maintes fois de ce pays qu'elle appelle toujours « l'Ukraine ».

Napoléon Iᵉʳ lui-même s'est intéressé à l'Ukraine. Il avait chargé son secrétaire Lesur de rédiger pour lui une histoire du peuple ukrainien.

Un bref exposé permettra de se rendre compte de la ténacité de la lutte que ce peuple a menée pendant **des siècles en faveur de**

---

(1) Ces périodiques entretenaient des correspondants spéciaux en Ukraine, renseignaient d'ailleurs Bohdan Khmelnytzki sur les intentions du tzar de Moscou, démontrant à l'hetman que le tzar ne respecterait jamais les libértés du peuple ukrainien dont il ne comprendrait jamais les idées libérales.

son indépendance menacée toujours et violée souvent par ses voisins.

L'Ukraine a été constamment placée sur la route par laquelle ont passé tous les peuples qui sont venus d'Asie en Europe. Aux temps historiques, les Ukrainiens ont eu à s'opposer aux invasions incessantes des peuples nomades, et surtout des Tatares. La lutte contre ces derniers et contre les Turcs occupe la plus grande page de l'histoire ukrainienne.

D'autre part, la fertilité du sol, les richesses naturelles de l'Ukraine ont toujours excité les convoitises de ses voisins du Nord et de l'Ouest. Et la lutte contre les prétentions de la Pologne et de la Moscovie forme la seconde grande page de cette histoire.

I. L'ORIGINE DU PEUPLE UKRAINIEN

Le peuple ukrainien appartient au groupe oriental des peuples slaves. Les dernières recherches des slavistes ont établi que le siège le plus ancien des peuples slaves en Europe se trouvait au Nord des Carpathes. C'est de là que le groupe occidental (Tchèques, Polonais, Slaves de l'Elbe) s'est dirigé vers le Nord et l'Ouest, tandis qu'un second groupe descendait vers le Sud (Serbes, Bulgares, Croates), et qu'un troisième groupe allait vers l'Est. Ces peuplades slaves de l'Est ont occupé le bassin du Dnièpr et, au Nord, le bassin de la Baltique (Volchov) jusqu'au golfe de Finlande, où elles se sont mêlées avec les Finnois. De là elles ont commencé à coloniser les hauteurs du bassin du Volga où elles se sont aussi mêlées avec les Finnois. Le célèbre annaliste de Kiev, Nestor (xi⁰ siècle), décrivant d'une façon légendaire la diffusion du peuple slave et la vie des peuplades slaves de l'Est, constatait déjà les différences qui existent entre eux. Les recherches philologiques sur les manuscrits les plus anciens, ainsi que les découvertes archéologiques montrent que dans les langues slaves du Nord et du Sud, et aussi dans les usages, des différences sérieuses existaient déjà. Ces différences entre les populations du Nord (actuellement Grands-Russes), les populations de l'Ouest

(Blancs-Russiens) et les populations du Sud (Ukrainiens), n'ont fait que s'accroître avec le temps, établissant sans cesse les existences distinctes de ces trois peuples.

En ce qui concerne le nom de Russe (Russ) qu'on donne souvent à tous les groupes de l'Est, il convient de constater que, suivant l'opinion des historiens, ce nom n'appartenait qu'à un groupe habitant le pays de Kiev. Les Slaves du Nord s'appelaient Sousdal-tsi, Volodymir-tsi, Riazan-tsi. Ce n'est que plus tard que le nom de Russes, devenu célèbre à cause de l'importance du grand-duché de Kiev, a été pris par toutes les peuplades sur lesquelles le grand-duc prédominait. Le pays du Sud possédait d'ailleurs un autre nom, le nom populaire qui revient sans cesse dans les chansons, le nom d'Ukraine (Ukraina, qui se prononce *Oukraïna*, et qui est aussi vieux que le nom de Russ). On le trouve mentionné pour la première fois dans les annales de Hypac, en 1187.

On appelle également l'Ukraine « Petite-Russie ». Pour la première fois, ce terme a été employé en 1303 afin de désigner le diocèse de l'Etat de Galitz et de Vlodimir. Après 1654, le gouvernement moscovite appela ainsi la partie de l'Ukraine placée sur la rive gauche du Dnièpr. Jamais, dans les actes historiques, le nom de Petite-Russie ne fut employé pour désigner toute l'Ukraine. Ce terme fut toujours plus ou moins littéraire. Nous voyons donc que, comme la plupart des pays de l'Europe (la France s'est appelée aussi la Gaule, — l'Angleterre, Grande-Bretagne — l'Allemagne, Germanie, — la Grèce, Hellade, etc.), l'Ukraine a eu dans l'histoire plusieurs dénominations. Elle s'est appelée : Russ, Ukraine, Petite-Russie. Et le peuple ukrainien a évidemment le droit de choisir parmi ces noms celui qui lui est le plus cher et qui est en même temps le plus caractéristique : il a choisi l'Ukraine (Oukraïna signifie « *le Pays* » et, en même temps, « *la terre extrême* » du monde civilisé). Dans les chansons, comme dans les actes historiques, le nom de l'Ukraine apparaît constamment. En 1650, l'ingénieur français Levasseur de Beauplan, traçant deux cartes de l'Ukraine, les désigne ainsi : *Typus generalis Ukrainæ* et *Ukrainæ pars quæ vulgo dicitur Kiovia*. Aux xviie et xviiie siècles, ce pays est connu dans tout l'occident sous le nom d'Ukraine.

2. Le grand duché de Kiev (Kyïv), son déclin

et la séparation du nord et du sud

Aux ixe et xiie siècles, l'Ukraine et sa grande rivière le Dnièpr (reliée par maints petits cours d'eau au bassin de la Baltique) formaient la grande route commerciale entre Byzance et le riche Orient d'un côté et l'Europe Occidentale de l'autre, les voies maritimes ne pouvant pas être employées à cause de l'incertitude qui régnait sur la Méditerranée.

Cette situation favorisa la création du grand duché de Kiev (ixe siècle) dont le peuple ukrainien et les peuples voisins n'ont jamais oublié la gloire.

Avec le concours des Normands (Variagi), les peuplades voisines de Kiev furent vaincues et obligées de reconnaître l'autorité des grands ducs. Ceux-ci réussirent aussi à retenir pendant environ deux siècles l'invasion des hordes de l'Est. Ils combattirent contre les Polonais qui n'ont créé leur duché (plus tard royaume) qu'à la fin du xe siècle. Le grand duc Sviatoslav a conquis la Bulgarie. Il a même attaqué l'empereur byzantin Jean Tzimisky; et ce n'est pas la seule fois que Kiev a fait la guerre à Byzance. Les « Russ » de Kiev ont menacé parfois la capitale elle-même. Des traités de commerce (912, 945, etc.) furent conclus à la suite de ces luttes.

De grandes relations commerciales existaient avec Byzance, avec l'Asie, avec l'occident. L'Ukraine exportait des fourrures, de la cire etc., et importait toutes sortes d'objets de luxe. Les rapports avec les Etats voisins étaient si intimes qu'un empereur grec de Byzance demanda la main de la princesse de Kiev, Olga, dont le fils Vladimir, grand duc de Kiev, épousa la sœur de l'empereur de Byzance après avoir adopté le christianisme pour lui et pour son peuple.

Au xie siècle, une fille du roi Jaroslav, Anna, épousa le roi de France Henri 1er, et devint ainsi reine de France. Le roi Jaroslav reçut également à sa cour des princes d'Angleterre.

Grâce à son grand commerce extérieur, Kiev grandit très vite. La culture byzantine s'y répandit, et notamment les arts, comme plusieurs églises en témoignent encore. C'est l'époque la plus heureuse et la plus brillante de l'histoire de l'Ukraine.

Mais la grandeur du duché de Kiev ne fut pas durable. De nouvelles hordes, plus puissantes que les précédentes (Polovtsi), firent leur apparition dans les steppes ukrainiennes. Les princes ukrainiens durent mener contre elles des luttes incessantes, tantôt malheureuses, tantôt victorieuses. Mais les nomades finirent par couper la route qui conduisait de l'Ukraine à Byzance; et la suppression du commerce extérieur fut la cause principale de la chute de Kiev. D'autre part, après la mort du grand-duc Iaroslav (1054), les terres de celui-ci furent partagées entre ses enfants et ne formèrent plus que de petits duchés plus ou moins vassaux du grand duché ou confédérés avec lui. Mais, si la situation de l'Ukraine devenait difficile à cause des nomades, au Nord, elle était dans la région de la haute Volga, beaucoup plus assurée. Les petits duchés de Rostov, de Sousdal, de Vladimir, qui étaient sous l'autorité du grand duc de Kiev, ne respectaient plus cette autorité, prétendaient à leur indépendance complète et manifestaient même l'intention de subjuguer Kiev. En 1169, le prince du Nord, André, attaqua Kiev avec de grandes forces et le dévasta, mais sans pouvoir y maintenir son influence, non plus que sur le reste de l'Ukraine.

C'est de cette époque que date l'histoire proprement dite de la Moscovie. Les deux peuples se séparèrent tout à fait pour plusieurs siècles. Aux xviie et xviiie siècles seulement, ils commencèrent à se rapprocher en colonisant les pays qui n'étaient plus aussi dangereux au point de vue tatare. Le célèbre historien russe Klutchevsky (de Moscou) insiste sur le fait que, déjà aux xiie et xiiie siècles, le trait national des Grands-Russiens était bien marqué et que ceux-ci différaient complètement des hommes de Kiev. Ethniquement, le peuple grand-russien s'était mêlé avec les peuplades finnoises. Politiquement, la différence avec Kiev était énorme : à Kiev, à côté du grand duc, l'assemblée du peuple (vitché) fut toujours puissante. Le grand duc tenait également compte de l'opinion des chevaliers (droujina) de son entourage. Il n'eut jamais un pouvoir absolu. Chez les Grands-Russiens, si on excepte la république de Novgorod, supprimée plus tard par la Moscovie, l'autorité du prince était tout à fait absolue. Plus tard, sous Ivan le Terrible, après de longs siècles de domination tatare. elle prit des formes effrayantes, pathologiques même.

Les Tatares, en 1240, ont dévasté tout l'Est européen; mais leur domination et leur influence ne furent durables que dans le Nord, en Moscovie. L'Ukraine ne désarma jamais devant eux. La principale préoccupation du peuple ukrainien fut d'échapper à l'esclavage tatare.

3. La lutte contre les tatares (l'état de Galicie

et de Volhynie; le grand-duché de Lithuanie et les cosaques)

Le déclin de Kiev s'est précipité à la suite des dévastations faites par les Tatares en 1240.

Quant à l'Ukraine Occidentale, — Galicie et Volhynie, — par le fait qu'elle était plus à l'Ouest et mieux abritée de leurs dépré- dations, elle connaissait un développement et une prospérité par- ticulière. Sous le règne de Danilo, en 1255, le duché de Galicie et de Volhynie devint même un royaume.

Le roi Danilo rêvait le rétablissement d'une Ukraine aussi vaste qu'au temps de Vladimir le Grand (Saint Vladimir), et il propose aux rois voisins d'entreprendre une croisade contre les Asiatiques. Mais il ne réussit pas.

Sous Danilo, la Galicie allait jusqu'au San, à l'Ouest, et com- prenait à l'Est un grand nombre des anciens pays ukrainiens. C'est ce souverain qui fonda la ville de Lemberg (Lviv ou Lev) en l'honneur de son fils Lev, et qui transféra dans cette nouvelle capitale sa résidence de Halytch. C'est également lui qui jeta les fondements de la ville de Kholm, où il habita quelque temps.

Mais la lutte constante avec les Tatares avait affaibli cet Etat ukrainien. Après une existence indépendante de plus d'un siècle, il s'effondra sous la pression des Hongrois et des Polonais (au milieu du xiv° siècle).

C'est alors que commença à se développer, au Nord de l'Ukraine, le duché lithuanien qui comprit aussi le petit duché de Blanche-Russie. Les princes et les habitants de l'Ukraine, harcelés par les Tatares, acceptèrent aussi l'autorité lithuanienne qui, d'une part n'était pas redoutable pour eux et qui devait, d'autre part, les aider à se défendre contre les nomades. L'Ukraine, hormis sa partie occidentale, fit partie du grand duché de Lithuanie.

Dans cet Etat lithuano-ukrainien, ou plus exactement lithuano-russ (la Blanche-Russie en faisait aussi partie), les deux nations s'entendaient fort bien. L'autorité appartenait au grand duc lithuanien; mais le rôle prépondérant était joué par les Ukrainiens dont la culture, influencée par Byzance, était beaucoup plus avancée. Cet Etat continuait à défendre le pays contre les Tatares. Au xv° siècle, les forces de ces derniers dans le Sud, en Crimée, devinrent plus agressives, tandis que la puissance des Tatares du Volga diminuait sans cesse, ce qui permettait aux Moscovites de constituer tranquillement leur Etat. La force des Khans de Crimée s'accrut encore lorsque les Turcs s'emparèrent de Constantinople. L'agression tatare devint telle que la résistance des forces gouvernementales ne suffisait plus et que le peuple lui-même organisa sa défense. Les hommes les plus audacieux formaient des compagnies armées et allaient dans les steppes et combattaient les Tatares. C'étaient les Cosaques ukrainiens. Leur vie, leur origine, leur organisation forment une des pages les plus curieuses et les plus captivantes de l'histoire. Leur siège le plus célèbre était les îles du Dnièpr (Sitche des Zaporogues). C'était une communauté militaire possédant ses terres, ses pêcheries, ses chasses, etc., ayant des lois à la fois très démocratiques et très sévères.

Les Cosaques se divisaient en groupes militaires (Kourinis) qui avaient leurs attamans de Kourinis. A la tête de toute la sitche était un attaman en chef. Il était élu à la Rada (assemblée de tous les Cosaques qui discutaient aussi les questions les plus graves de la guerre et de la paix). Les Cosaques ukrainiens, qui tout d'abord n'avaient soutenu qu'une lutte défensive, ne tardèrent pas à se montrer agressifs contre les Tatares de Crimée et contre les Turcs eux-mêmes. Des flottilles de leurs barques se glissèrent souvent jusqu'à Constantinople où elles répandirent la terreur. Les Cosaques représentaient une force extrêmement sérieuse. Au xvii° siècle, un ambassadeur de France à Constantinople, témoin de leurs attaques contre les Turcs, conseilla à son gouvernement de se servir de leur aide puissante pour combattre les Turcs.

Mais les Cosaques avaient une autre tâche encore à accomplir : ils avaient à lutter contre la Pologne pour sauvegarder leur indépendance et la culture nationale de l'Ukraine.

4. La lutte contre la Pologne. —

La Répubique Ukrainienne des Cosaques.

L'union personnelle du royaume de Pologne et du grand duché lithuano-russ eut lieu en 1386, en conséquence du mariage de la reine Hedvige et du grand-duc Jaguelo, plus tard roi. Mais les deux Etats gardèrent leur indépendance presque absolue. En 1569, les Polonais profitèrent de la situation critique de la Lithuanie, qui était en guerre avec les Moscovites, pour lui imposer l'union beaucoup plus étroite des deux pays. En même temps. les terres ukrainiennes qui avaient gardé leur autonomie dans l'Etat lithuanien furent rattachées à la Pologne. Et de ce jour et jusqu'en 1648, les Polonais firent d'incessants efforts pour subjuguer l'Ukraine.

Le roi de Pologne donna des terres ukrainiennes à des seigneurs polonais. Le régime social de la Pologne, l'esclavage des paysans assujettis aux propriétaires (ce trait féodal développé à outrance en Pologne) furent imposés au peuple ukrainien qui avait jusque-là vécu libre. Les Polonais voulaient au surplus imposer leur culture. leur religion. C'était à l'époque de la renaissance catholique. et les Jésuites, qui avaient alors une grande influence en Pologne, voulaient convertir les Ukrainiens.

La première résistance nationale fut faite par les aristocrates ukrainiens (prince Ostrojsky, etc.). Mais cette résistance n'était pas profonde, car le nouveau régime social leur était très favorable, et ils commencèrent vite à se dénationaliser. Au contraire, toute la démocratie de l'Ukraine, aussi bien celle des villes que celle des campagnes, ne se laissa pas asservir.

Les centres de la résistance intellectuelle étaient Kiev et Lemberg. Des confréries de citadins soutenaient les écoles nationales, les sciences et la littérature, les imprimeries. Au commencement du XVIIe siècle, en réaction contre les prétentions polonaises, un grand mouvement littéraire et patriotique se manifesta en Ukraine.

Plus énergique encore fut la résistance des paysans. Ne voulant pas subir la servitude, ils quittèrent en masse leurs seigneurs et se joignirent aux Cosaques. Ceux-ci restèrent toujours libres. En dehors des communes des Zaporogues, il y avait dans toute l'Ukraine des Cosaques qui formaient des régiments, des centuries. La force de ces Cosaques s'accroissait sans cesse et inquiétait beaucoup le gouvernement polonais. Celui-ci s'appliquait à diminuer cette puissance. Il limitait exactement le nombre des Cosaques. Il envoyait des troupes en Ukraine. Mais rien n'y faisait. A partir de 1590, les Cosaques, menés par leur chef suprême, l'hetman, soutinrent contre la Pologne des guerres qui furent de plus en plus dangereuses pour cette dernière.

Tout le peuple ukrainien soutenait ces guerres acharnées pour son indépendance contre les Polonais. En fait, l'Ukraine ne reconnut jamais la souveraineté de la Pologne, non plus que l'autorité de ses gouverneurs. Elle élaborait ses formes de droit public : elle avait ses chefs élus par les Cosaques, ses magistrats. Les chefs des Cosaques entretenaient même des relations diplomatiques avec la Moscovie, avec la Moldavie, avec l'empereur Rudolf (1594). Parmi ces chefs, Petro Sagaïdachny (1614-1622) se distingua comme un politique très habile. Sa diplomatie obtint la reconstruction effective de l'État ukrainien. Il soutint l'Eglise nationale et se fit le champion de la lutte contre les prétentions polonaises. Mais, après sa mort, les Polonais détruisirent son œuvre; et les guerres des Cosaques recommencèrent aussitôt et se prolongèrent presque sans cesse jusqu'à ce qu'un des hetmans les plus célèbres de l'Ukraine, Bohdan Khmelnytzki, en 1648, mena ses guerres victorieuses contre la Pologne, soutenu plus que jamais par tout le peuple ukrainien qu'un enthousiasme unanime poussait à la défense de sa liberté. Après avoir battu l'ennemi à maintes reprises, il eût pu marcher sur Varsovie; mais il jugea plus sage de conclure avec la Pologne des traités avantageux. L'Ukraine devint une République indépendante dont le chef entretint des relations diplomatiques avec des Etats étrangers : la Suède, la Transylvanie, la Moldavie, la Turquie, la Moscovie, la Pologne, la Perse.

Cette République avait une organisation très originale. L'hetman, chef des Cosaques, était aussi chef du pays. Il était élu par l'Assemblée des Cosaques, la Rada, qui prenait des décisions militaires et décidait aussi du sort du pays. Il avait auprès de lui son état-major qui remplissait les fonctions d'un véritable Conseil des ministres (il y avait un secrétaire général, un juge général, un intendant général, etc.). Les divisions administratives étaient établies suivant les territoires où se recrutaient les régiments, les centuries de Cosaques. Les colonels et leurs états-majors (secrétaires, juges, intendants) étaient, en même temps que des chefs militaires, les magistrats des districts occupés par leurs troupes. Seules les grandes villes, les propriétés ecclésiastiques et quelques grandes propriétés privées jouissaient d'une autonomie relative et dépendaient directement de l'hetman.

Au retour de deux voyages en Ukraine, Paul d'Alep dépeint la civilisation dans ce pays libre qu'il compare à la Moscovie qui lui a fait l'impression d'une prison et qu'il ne peut se rappeler sans horreur. L'Etat ukrainien réalisait en effet de grands progrès; mais les événements évoluaient trop vite : la jeune République n'obtenait pas la tranquillité relative sans laquelle un Etat ne peut pas se consolider. Sous Bohdan Khmelnytzki, l'Ukraine poursuivit sans cesse la guerre contre les Polonais afin de défendre son indépendance; et cette lutte perpétuelle mettait le pays dans une situation très dure. L'Ukraine cherchait un allié.

5. L'Union avec la Russie et la lutte pour l'indépendance.

La Pologne restait l'ennemi le plus dangereux pour l'Ukraine et le plus détesté par la masse du peuple qui ne pouvait pas oublier l'oppression de la féodalité polonaise. Après des années de victoire, Bohdan Khmelnytzki menacé par des forces puissantes, s'adressa au tsar moscovite, lui proposant une alliance militaire contre la Pologne, en vue de délivrer toutes les terres ukainiennes. En 1654, à Péréaslav, il convoqua la Rada qui approuva une union suivant laquelle elle reconnaissait l'autorité suprême du tsar, tandis que l'hetman conservait ses pouvoirs anciens. Ce dernier devait continuer à être élu par la Rada des Cosaques qui se bornait à notifier au tsar le résultat de l'élection. L'hetman avait le droit de recruter librement ses Cosaques. d'entretenir à son gré des relations diplomatiques avec les Etats étrangers, en tenant toutefois le tsar au courant de ses actes. L'Ukraine restait un Etat indépendant. L'union n'était pas contractée avec l'Etat russe, mais avec la personne seule du tsar. Toute l'organisation de la République ukrainienne, son administration, ses tribunaux, ses finances, toutes ses libertés demeuraient intactes.

Mais Bohdan Khmelnytzki lui-même ne tarda pas à regretter cette union. Il constata bientôt que le tsar n'avait pas l'intention de tenir compte de ce traité. Les Moscovites s'immisçaient peu à peu dans les affaires intérieures de l'Ukraine. D'autre part, l'aide donnée par le tsar contre la Pologne n'était pas satisfaisante. Les Moscovites entraient en pourparlers avec les Polonais à l'insu des délégués ukrainiens, et même contre leur volonté, ce qui inquiétait fort ces derniers.

La situation de l'Ukraine devint terrible. A la suite du traité d'Androusov, conclu en 1667 entre la Pologne et la Moscovie, l'Ukraine avait été divisée : la partie occidentale (sans Kiev) devenait polonaise; la partie orientale restait sous l'influence moscovite. En 1681, par le traité turco-moscovite, tout le territoire compris entre le Dnièpr et le Boug était reconnu comme *res nullius*. Cette période d'invasions et de dévastations est entrée dans l'histoire sous le nom de « la Ruine ».

Mettant à profit les difficultés de l'Ukraine, les Moscovites augmentèrent leurs prétentions, et suscitèrent ainsi l'indignation du pays.

Mais le peuple ne renonçait pas à son indépendance; et à cette époque, maintes tentatives eurent lieu dans le but de sauver l'Ukraine. Le successeur de Bohdan Khmelnytzki, l'hetman *Vigovsky* (1657-1659) se tourna contre la Moscovie et, dans la bataille de Konotop, anéantit les troupes moscovites. Il avait l'intention de former une sorte de fédération entre l'Ukraine, la Lithuanie et la Pologne. Un traité formel fut même écrit en 1658, à Gadiatch, à ce sujet. Mais la masse du peuple ukrainien avait une telle aversion pour le régime social de la Pologne que Vigovsky devint impopulaire et dut résigner ses fonctions d'hetman.

Plus tard (1665-1676), l'hetman *Pierre Dorochenko*, un des héros nationaux les plus sympathiques, fit une tentative désespérée pour sauver l'Ukraine des convoitises moscovites et polonaises : il contracta une alliance militaire avec la Turquie. Celle-ci lui vint réellement en aide. Dorochenko remporta de grands succès : un moment même il tint l'Ukraine entière dans ses mains. Mais son alliance avec un ennemi séculaire lui fit perdre toute sa popularité. Après une lutte tragique, il dut se rendre à son rival, l'hetman Samoilovitch (1672-1687), qui s'entendait trop bien avec les Moscovites.

Au temps de Pierre le Grand, l'ennemi le plus rigoureux de l'indépendance ukrainienne, se produisit une tentative suprême pour délivrer l'Ukraine de l'étreinte moscovite. L'hetman *Mazeppa* (1687-1709), l'illustre patriote, s'allia avec Charles XII et marcha contre le tsar. L'idée d'une alliance entre l'Ukraine et la Suède n'était pas nouvelle. Déjà Bohdan Khmelnytzki avait, à la fin de ses jours, mené avec cette dernière des pourparlers très actifs. Malheureusement pour l'Ukraine, Mazeppa et Charles XII n'ont pas réussi : ils furent battus sous Poltava (1709).

Mazeppa, suivi de ses amis, passa en Turquie. Il ne renonça pas à son pouvoir; et, après sa mort, ses amis choisirent comme hetman, Orlik. (Il convient de rappeler que c'est au moment de son élection que fut rédigée la Constitution républicaine de l'Ukraine, qui n'a jamais été appliquée, mais qui n'en est pas moins intéressante par le témoignage qu'elle nous donne des idées de ce temps.) Orlik s'appuya sur les Turcs pour défendre la cause de Mazeppa. En 1711, il obtint même des succès; mais il fut trahi par ses alliés.

Après la bataille de Poltaya, la cause de l'Ukraine était perdue pour de longues années. Pierre le Grand nomma une commission, dirigée par de Grands-Russes, qui devait contrôler l'hetman et son gouvernement. Après la mort du successeur de Mazeppa, l'hetman Ivan *Skoropadsky* (1709-1722), le tsar ne permit pas aux Ukrainiens d'élire un nouvel hetman : il le nomma lui-même. Il choisit *Poloubotok*, qui, par heureuse fortune, était un zélé patriote et défendit les droits du pays; mais Poloubotok devait finir sa vie dans les prisons de Pétrograd. Après la mort de Pierre le Grand, la situation s'améliora un peu en Ukraine. et deux hetmans : Daniel *Apostol* (1727-1734) et Cyrille *Razoumovsky* (1750-1764) furent élus encore suivant la tradition nationale.

Mais une Allemande d'origine, Catherine II, résolut d'anéantir complètement l'indépendance de l'Ukraine qui, après la bataille de Poltava, était plus ou moins éphémère. En 1764, elle supprima l'hetman et le remplaça par une commission à la tête de laquelle elle plaça un Grand-Russien, le comte *Roumiantsey*. En 1775, de grandes forces russes cernèrent et détruisirent le siège célèbre des Cosaques (Zaporojie) qui restaient redoutables pour les prétentions de l'impératrice. La presque totalité des Zaporogues quitta l'Ukraine (une partie se dirigea vers la Turquie, en Dobroudja, une autre vers le Caucase, au Kouban). En 1780, Catherine partagea l'Ukraine en gouvernements, comme le reste de l'empire. Les tribunaux et les autres institutions ukrainiennes ont été abolis et remplacés par des tribunaux et d'autres institutions russes. En 1783, le service militaire des Cosaques fut totalement supprimé; et, dès lors, le recrutement se fit en Ukraine comme dans toute la Russie. La même année, les paysans ukrainiens devinrent de nouveau des colons; et l'impératrice accorda de vastes domaines en Ukraine à ses courtisans ainsi qu'à de nombreux colonisateurs allemands. Ainsi s'accomplissait le vœu de Catherine, que précise un document secret de 1764, de faire de l'Ukraine une province russe.

Le peuple n'avait pas la force de combattre les prétentions moscovites; mais ni Catherine II ni ses successeurs ne réussirent à russifier les Ukrainiens ni à leur faire oublier leur passé libre. En 1767, lorsque Catherine II fit élire des députés pour une commission, qui d'ailleurs n'aboutit à rien : les députés ukrainiens, en dépit des menaces, des poursuites, des condamnations à mort, exprimèrent *les vœux d'indépendance de l'Ukraine.*

Dans la partie occidentale de l'Ukraine qui, après 1667, resta aux mains de la Pologne, la situation, pour le peuple surtout, était extrêmement difficile; et elle alla s'aggravant jusqu'au début du xviii⁰ siècle. Les féodaux polonais opprimaient dans cette région les paysans dont ils avaient fait leurs colons. Les descendants des seigneurs chassés par Bogdan Chmelnitzky étaient revenus et s'étaient emparés de vastes domaines. Mais le peuple ne voulait pas subir le joug : il demeurait jaloux de son indépendance; et des révoltes nombreuses se produisirent contre les oppresseurs. Les révoltés s'appelaient *haïdamaki.* La plus importante de ces rébellions eut lieu en 1768. Elle fut si puissante que les féodaux et l'administration polonaise durent recourir à l'assistance de Catherine II.

Mais, en 1772, la Galicie, fut, au partage de la Pologne, prise par l'Autriche. En 1774, l'armée autrichienne occupa la Bukovine qui se trouvait alors sous l'influence des Turcs. L'année suivante, le sultan consentit à la céder à l'Autriche; et elle fut rattaché à la Galicie avec laquelle elle forma une province jusqu'en 1849, époque à laquelle elle devint une province spéciale. Quand s'opérèrent les derniers partages de la Pologne, les terres ukrainiennes qui, par le traité de 1667, avaient été cédées à la Pologne, furent accordées à la Russie.

Sous la Russie et sous l'Autriche, le peuple ukrainien resta tout un siècle dans une ignorance et une servitude complètes. Mais le sentiment de la patrie réveilla peu à peu ce peuple et aboutit à un superbe épanouissement national.

6. La Renaissance Nationale.

a) *En Ukraine de la Russie Ancienne.*

Le sort de l'Ukraine a été celui de maintes nationalités européennes qui, opprimées au cours des siècles par des despotismes divers, ont fini par se débarrasser de leurs entraves et ont conquis leur liberté. Mais, si les effets des aspirations nationales ont pu se manifester puissamment et heureusement au xix° siècle chez plusieurs de ces peuples : Tchèques, Hongrois, Serbes, Bulgares, Grecs et autres, ils ont été retardés en Ukraine par la force et la rigueur de la tyrannie russe.

Néanmoins la renaissance ukrainienne s'est élaborée pendant tout le xix° siècle. Le développement intense de la poésie, de la littérature, de l'histoire, de l'ethnologie eut une influence énorme sur la renaissance politique du peuple.

En admirant la culture nationale et le passé de son pays, le peuple sentit se réveiller en lui le désir de secouer ses chaînes et de renaître à la vie libre. Aussi les événements littéraires furent-ils, pendant de longues années, considérés comme de véritables manifestations politiques. En particulier, les poésies ardentes de *Chevtchenko* provoquèrent parmi tout le peuple un enthousiasme immense. Jusqu'à ces derniers temps, les anniversaires de ce grand poète national ont été célébrés, et parfois secrètement, comme des fêtes nationales. Mais, parallèlement à ce développement littéraire et scientifique, un développement politique se produisait malgré les persécutions constantes de la tyrannie russe. A l'époque où se préparait en Russie le mouvement des Décembristes (1825), il y avait en Ukraine une société secrète des Slaves unis qui avait pour but de former une fédération de tous les peuples slaves. Il existait aussi une société qui se proposait de conquérir l'indépendance de l'Ukraine. Après la chute du décembrisme, tout ce mouvement fut rigoureusement aboli. En 1847, s'organisa à Kiev une nouvelle association de Cyrille et Méthode qui avait aussi pour but la délivrance de l'Ukraine et la confédération de tous les peuples slaves. Dans cette société se trouvaient l'historien Kostomarov, le poète Chevchenko, l'historien et poète Koulich. Mais le gouvernement russe punit très durement les membres de cette société qui furent tous condamnés à la déportation (Chevtchenko resta dix ans comme simple soldat dans l'Asie centrale). Après 1860, quand l'empire russe perdit pour quelque temps un peu de sa tyrannie, le mouvement littéraire put se développer plus librement; et des associations politiques secrètes (Gromada) se créèrent de nouveau. Les plus grands meneurs du mouvement ukrainien d'alors furent l'historien Antonovitch et Drogomanov. Ce dernier donna une grande extension aux idées des sociétés Cyrille et Méthode; et il fut le théoricien des idées nationales.

Ces divers groupements politiques subsistèrent sans interruption et dans plusieurs autres villes de l'Ukraine jusqu'aux événements de 1917. Ils tenaient dans leurs mains tout le mouvement national : ils dirigeaient la lutte contre le tsarisme, pour la délivrance de l'Ukraine.

Au début de ce siècle, et notamment en 1905 et 1906, l'activité et la diversité des partis politiques et des associations augmentèrent beaucoup. Dans les deux premières Doumas, les députés ukrainiens, organisèrent des groupes importants. La première révolution russe ne donna aucune satisfaction réelle à l'Ukraine; mais elle stimula puissamment le mouvement national. Du reste, la rigueur persécutrice de l'administration russe s'affaiblit un peu. Il faut rappeler que, depuis 1876 et jusqu'en 1905, le régime administratif fut en Ukraine d'une sévérité extrême : la langue ukrainienne restait comme précédemment interdite dans tout l'organisme officiel, et surtout dans les écoles (primaires et autres). Par l'ukase de 1876, toutes les publications en langue ukrainienne étaient défendues. Seules et sous une censure sévère, des poésies et des nouvelles pouvaient être publiées; et encore devaient-elles l'être en caractères russes qui, on le sait, diffèrent beaucoup des caractères ukrainiens. Au théâtre on ne pouvait pas représenter une pièce ukrainienne sans donner, dans la même soirée, une pièce russe. Tous les milieux ukrainiens étaient suspects et, comme tels, surveillés par la police. La plupart des patriotes ont connu l'exil, la déportation, les prisons, etc.

Leur carrière a été presque toujours brisée. C'est pourquoi beaucoup cachaient leurs sympathies pour l'Ukraine.

En 1905, on obtint l'autorisation de faire des publications en caractères ukrainiens. De nombreux journaux, de nombreux livres virent le jour. Une grande quantité de sociétés, de cercles, s'ouvrirent dans toute l'Ukraine. En vain la police essaya-t-elle d'arrêter ce mouvement, et sévit-elle : les journaux supprimés par elle reparassaient sous d'autres noms; les cercles qu'elle fermait se rouvraient sous un autre titre. Avant et pendant la guerre, les rigueurs administratives étaient redevenues aussi brutales qu'autrefois; mais elles n'avaient pour résultat que d'accroître l'impulsion du mouvement national.

A la fin du xix⁰ siècle, plusieurs Zemtsvos, plusieurs congrès formulèrent des revendications nationales. Après 1905 et jusqu'en 1917, ces manifestations s'intensifièrent et devinrent de plus en plus fréquentes, jusqu'à l'heure où le mouvement national apparut dans toute son ampleur.

Les faits précédents concernent l'Ukraine rattachée à la Russie. Au temps où la situation y était la plus douloureuse, les Ukrainiens soumis à l'Autriche pouvaient plus librement développer leur culture et exprimer leurs aspirations politiques.

b) *En Galicie Ukrainienne.*

En Galicie, le mouvement national, pendant la deuxième moitié du xix⁰ siècle, a pu se développer avec une liberté relative. Cependant, jusqu'en 1848, le peuple était resté dans un esclavage presque complet. A peine le mouvement national était-il mené par quelques prêtres uniates et par de rares patriotes (le poète Chachkievitch, le professeur Holovatsky, l'historien Yaguilevitch) qui étaient d'ailleurs molestés par la police et la censure. Mais, d'une part, l'influence de la Révolution et du régime plus ou moins constitutionnel de l'Autriche rendit possible le développement national. Et, d'autre part, la renaissance nationale dans l'Ukraine de l'ancienne Russie eut une grande répercussion en Galicie. Chevtchenko y devint le poète préféré; et ses idées patriotiques y produisirent une impression profonde. Plus tard, plusieurs écrivains et savants de Kiev ont publié leurs livres en Galicie ou, même, sont allés y résider, n'ayant pas la possibilité de poursuivre leur œuvre patriotique dans l'Ukraine de l'empire tsariste. Parmi ces derniers, le professeur et grand écrivain Dragomanov a pris une grande part au réveil de la Galicie, au point de vue politique surtout. Plus tard, le professeur Grouchevsky, quittant Kiev, devint professeur à l'Université de Lemberg où il réalisa un travail considérable pour l'avancement des sciences ukrainiennes.

En résumé, la culture nationale en Galicie se développa plus vite qu'en Ukraine russe. Au moment où la langue nationale était rigoureusement interdite à Kiev et où on ne pouvait rien y publier en dehors de choses insignifiantes, l'école nationale primaire et secondaire existait déjà en Galicie. A l'Université de Lemberg, plusieurs cours étaient faits en ukrainien. La Société scientifique y publiait de nombreux travaux. Il y paraissait des journaux, des revues Le peuple y avait ses cercles patriotiques. Les intellectuels y pouvaient préconiser l'idée nationale.

Mais, pour obtenir de tels résultats, les Ukrainiens de Galicie devaient soutenir une lutte acharnée, une lutte quotidienne, contre les Polonais qui étaient considérés par la monarchie autrichienne comme les vrais maîtres de toute la Galicie. Cette lutte remplit toutes les pages de l'histoire de ce temps.

La monarchie autrichienne s'interposa entre les deux adversaires irréconciliables : les Ukrainiens et les Polonais; et le fait seul de cette intervention souveraine a, immédiatement après le partage de la Pologne, éveillé des sympathies pour l'Autriche et des espérances parmi la population ukrainienne. Les réformes libérales de Marie-Thérèse et de Joseph II, en faveur des paysans, ont laissé un heureux souvenir dans la mémoire du peuple ukrainien. Mais, en 1846, quand la république polonaise de Cracovie fut réunie à la monarchie autrichienne, les Polonais réclamèrent qu'on réunît la Galicie orientale et la Galicie occidentale en une province de la couronne et qu'on leur en donnât la souveraineté.

Les Ukrainiens protestèrent solennellement et exigèrent que la
Galicie comprît deux provinces et qu'on laissât au peuple ukrainien l'administration de la Galicie orientale. Sous le sceptre auto-
cratique de François Ier (1850-1860), la Galicie resta divisée en
deux gouvernements politiques : Lemberg et Cracovie. Cette division était marquée par les frontières des deux peuples qui habitaient la Galicie : les Ukrainiens et les Polonais. Ce n'est qu'en
1867, après Sadowa, que la constitution autrichienne accorda une
plus large autonomie aux provinces, avec des prérogatives spé-
ciales pour la Diète. Suivant le vœu des Polonais, toute la Galicie,
aussi bien la partie ukrainienne que la partie polonaise, fut réunie sous le pouvoir polonais. Si la constitution de 1867 accordait
à tous les peuples la liberté et des droits dans les écoles, dans l'administration et dans la vie publique, le gouvernement autrichien
n'en livrait pas moins les Ukrainiens à la majorité polonaise en
Galicie. Une nouvelle lutte politique éclata entre les deux peuples,
car pendant que les Polonais songeaient toujours à renforcer leur
autonomie dans le pays, les Ukrainiens de leur côté protestaient
énergiquement contre une telle prétention; et ceux-ci ne cessèrent
de réclamer la division de la Galicie selon les territoires d'expansion nationale.

Le gouvernement autrichien donna aux Polonais tout ce
qu'ils demandaient, parce qu'il avait besoin de leur appui au parlement. Mais plus les Polonais opprimèrent le peuple ukrainien,
plus augmentèrent l'orgueil national et la force de résistance de
ce peuple. Malgré toutes les vexations, toutes les persécutions, la
culture ukrainienne progressa sans arrêt; et lorsqu'on introduisit
le droit de vote général, égal et direct, on se trouva en présence
de cadres politiques organisés par les Ukrainiens. Comme les Polonais exerçaient toujours leurs droits de souveraineté sur le peuple
ukrainien, sans remplir la moindre de leurs obligations, ce peuple
opprimé se fit justice lui-même en prenant vaillamment en main
la défense de sa vie culturelle, économique et politique. Il dut
pourtant lutter pendant de longues années pour obtenir l'autorisation d'ouvrir un lycée — dans lequel l'enseignement devait se
faire en langue ukrainienne, — et de fonder une société agraire
ukrainienne ayant sa propre sphère d'activité et ses propres droits.
Quant aux écoles primaires ukrainiennes, elles furent tracassées,

et leur nombre décrut de plus en plus sous le régime de l'inspecteur primaire polonais (afin de forcer la population ukrainienne à apprendre la langue polonaise sinon à demeurer illettrée, on remplaça systématiquement les instituteurs ukrainiens par des instituteurs polonais). La lutte des étudiants ukrainiens pour l'établissement d'une université indépendante à Lemberg est notoire; l'activité de la jeunesse académique et de plusieurs professeurs de nationalité ukrainienne se heurta toujours au *veto* polonais. Malgré la suppression des corvées, les paysans ukrainiens furent toujours traités comme des esclaves par le propriétaire foncier polonais : ils ne jouissaient d'aucun de leurs droits. Ce n'est qu'après la grève agraire que le propriétaire foncier polonais apprit qu'on ne devait plus considérer les paysans comme des objets d'inventaire. Il n'essaya pas moins, pendant la guerre, de rétablir le travail forcé dans ses propriétés, ainsi que les corvées anciennes; et ce ne fut que grâce à l'intervention énergique des femmes des paysans qu'il dut renoncer à ses prétentions. L'administration en Galicie appartenait aux cercles dirigeants polonais qui en exclurent complètement les Ukrainiens. Tout l'appareil administratif de la Galicie orientale fut employé à la préparation des élections. Par des menaces et des poursuites, les Polonais obligèrent les juifs à être l'instrument de leur politique; et, à force de fourberies et de falsifications, ils réussirent à dérober au peuple ukrainien sa vraie représentation nationale dans les communes, dans les arrondissements, dans le pays et dans le royaume. Au cours des élections en Galicie, le sang des paysans ukrainiens coula souvent. L'administration polonaise n'a rien fait de profitable pour le pays. L'agriculture ne fut encouragée qu'autant qu'il s'agissait de subventionner de grands propriétaires fonciers ou de procurer à des aristocrates polonais des fonds qui leur permissent de mener une vie joyeuse. Ils gaspillaient d'ailleurs les subventions reçues; et beaucoup furent forcés de vendre leurs propriétés. On vota au budget de la Diète de grandes sommes destinées à l'encouragement du commerce et de l'industrie; mais ces sommes passèrent dans les poches des fonctionnaires polonais, sans que rien fût fait pour le commerce non plus que pour l'industrie. En résumé, l'administration polonaise gaspilla des millions et des millions extirpés à la province, sans

nul bénéfice pour celle-ci et surtout pour la partie ukrainienne.
C'est ainsi que les routes et les chemins polonais, aussi bien que
la fameuse « polnische Wirtschaft » ont acquis leur triste réputation mondiale. Les Polonais sont donc à l'opposé de la vérité,
lorsqu'ils prétendent que c'est à eux que les Ukrainiens doivent
leur culture et le bon ordre dans leurs affaires. Les Polonais ont
réduit le paysan ukrainien presque à l'état de mendiant; ils ont
créé un prolétariat de l'intelligence ukrainienne; et l'écrivain
polonais Szczepanowski lui-même en convient. Mais le peuple
ukrainien a lutté de ses propres forces contre les potentats polonais, et il ne s'est laissé abattre par aucune persécution.

Le conflit politique entre les Polonais et les Ukrainiens devint
de plus en plus violent, et les Polonais redoublèrent leur haine et
leurs molestations lorsque, au déclin du XIX° siècle, le parti conservateur des aristocrates et des nobles polonais perdit son influence
et que se forma le parti des employés et des bourgeois polonais
qui commença la lutte pour le rétablissement de la Pologne dans
ses anciennes frontières historiques. Le professeur Dnistriansky,
l'a constaté : étant donné que cette idée était en contradiction
avec les efforts du peuple ukrainien, le nouveau parti polonais,
sous le nom de « Panpolonais » (Wszechpolacy), s'allia avec
tous les éléments qui pouvaient lui servir pour l'oppression des
idées d'indépendance ukrainienne. C'est ce qui explique l'union
du parti des Panpolonais avec les Russes et pourquoi ce parti
soutenait ouvertement la propagande russophile de la Russie en
Autriche. Quoique ce parti combattît avec l'aristocratie polonaise
pour la prépondérance de l'autorité et qu'il se donnât comme parti
démocratique, il restait de sa nature aussi impérialiste et aussi
aristocrate que les anciens potentats politiques. Il n'en fut pas
autrement lorsque, pendant la guerre, un rapprochement eut lieu
entre les trois partis : le parti populaire, le parti socialiste démocrate et le parti des Panpolonais. Les traditions historiques d'un
peuple souverain subsistèrent, et aucun de ces partis ne changea
son attitude à l'égard des Ukrainiens. Tous conservèrent l'axiome :
« Les Ukrainiens sont une quantité négligeable et ils doivent se
soumettre à la souveraineté polonaise. » Le principe aristocratique régna et règne comme auparavant parmi les partis politiques de la Pologne, et les membres du parti des Panpolonais

ont pris, sans aucun changement, à leurs prédécesseurs la vieille tradition du royaume de Pologne.

Il ressort de ce qui précède que toute conciliation est impossible entre le système aristocratique de la domination polonaise et le système démocratique de la souveraineté nationale des Ukrainiens.

c) *En Bukovine Ukrainienne.*

La Bukovine a eu, au XIX° siècle, une renaissance nationale analogue à celle de la Galicie. Longtemps ces deux pays formèrent une seule province de l'Autriche; et même après leur séparation, la Bukovine subit l'influence de la Galicie dont la culture était plus avancée. Mais les deux pays avaient eu, dans les siècles antérieurs, une histoire tout à fait différente.

Les prétentions des Roumains sur la Bukovine nous obligent à rappeler quelques faits intéressants de son histoire. Tout le passé de ce pays se rattache à l'histoire du peuple ukrainien.

Déjà au temps de la grande émigration des peuples germaniques et slaves, un rameau ukrainien des Tyverdes avait pris possession de la région située entre les Carpathes et le Dnièstr; et cette région formait depuis la fin du IX° siècle une partie du grand duché ukrainien de Kiev. Après la séparation du grand duché de Kiev et du royaume de Halice, la partie septentrionale, puis la partie méridionale du territoire placé entre le Dnièstr et les Carpathes échurent à ce royaume que Jaroslav le Sage (deuxième partie du XII° siècle), le plus grand prince des Ukrainiens de *Halicz*, étendit jusqu'aux bouches du Danube. Au temps où vivait ce prince, les marchands de Halice fondèrent sur le bas Danube la ville de Petit-Halice (aujourd'hui Galatz). Plus tard, certains princes ukrainiens ont pénétré jusqu'à Berlad et Tekuça (villes situées au sud de Jassy). La grande invasion mongole de 1240-1242 a enlevé à la principauté de Halicz la région située à i'est des Carpathes qui fut morcelée en plusieurs parties plus ou moins autonomes, et placée sous le pouvoir immédiat des Tatares. Une partie était formée par le pays de Sypinitz qui renfermait le territoire du Dnièstr jusqu'à la région comprise entre le Sereth et le Pruth, avec les villes de Sypinci, Cecin, Chotin et Chmeletz (près de Waschkoutz).

Au milieu du xiv° siècle, les Roumains venant des Sept-Villes s'avancèrent à l'est des Carpathes; et la principauté de Moldavie fut fondée.

Comme le signifiait son nom, le territoire de cette principauté se limitait à peu près exclusivement au sud de la Bukovine actuelle. c'est-à-dire au bassin de la petite rivière Moldave, affluent de la rive droite du Sereth. Ce n'est que vers la fin du xiv° siècle que la principauté de Moldavie commença à s'étendre vers le nord et vers le sud-est. A cette même époque, la terre de Sypenitz lui fut enlevée.

En entrant en Bukovine, les Roumains y trouvèrent une population ukrainienne (la tradition roumaine ne remonte qu'aux conquêtes du voïvode roumain Dragosch). Au début, les Ukrainiens furent refoulés des vallées fluviales dans les montagnes; mais le flux subit de la colonisation roumaine vers le sud-est permit à ceux-ci de regagner une partie du terrain perdu.

L'étude de la nomenclature géographique de la Bukovine fournit de nombreuses pièces justificatives. Les Roumains immigrés tombèrent bientôt sous l'influence politique et civilisatrice de leurs voisins ukrainiens, laquelle demeurait puissante.

Jusqu'au commencement du xvi° siècle, l'église moldave fut soumise au métropolite ukrainien de Halicz. Elle employait la langue slave ecclésiastique, qui était en usage en Ukraine.

En janvier 1429, le voïvode Alexandre fit don au cloître de Moldavitza d'un Evangile écrit en langue slave ecclésiastique, qui se trouve actuellement à la bibliothèque de l'Université d'Oxford. Plus tard, nombreux furent les Ukrainiens, tels que Zachar Kopystensky, Anastasius Krymbowitsch, etc., qui enseignèrent en Moldavie.

La langue ukrainienne était parlée à la cour du voïvode de

Moldavie; elle servait aux relations de la haute société; elle était la langue officielle de la chancellerie princière. La première école supérieure pour les fils de boyards moldaves fut instituée par le métropolite de Kiev : Georges Zamblick. .

La Moldavie entretint toujours des relations politiques avec l'Ukraine, et en particulier avec les hetmans des Cosaques. L'hetman Demeter Wyschnewetzky (vers 1560) régna même quelque temps sur la Moldavie. Le fils de Bohdan Khmelnytzki épousa la fille du voïvode Lupul. Le voïvode Etienne le Grand soutint le mouvement national ukrainien dans la Galicie d'aujourd'hui contre les Polonais. Toutes ces circonstances empêchèrent la roumanisation des Ukrainiens installés en Moldavie, et contribuèrent à faire garder par ceux-ci leur nationalité et leur langue. Au temps de l'occupation de la Bukovine par les troupes autrichiennes, en 1775, le pourcentage proportionnel des deux peuples qui l'habitaient (Ukrainiens et Roumains) était à peu près ce qu'il est de nos jours.

La Bukovine, unie à la Galicie en 1776 jouit aussi des réformes opérées par Joseph II; mais, jusqu'en 1848, cependant, elle demeura plus arriérée que la Galicie. La division des deux pays en 1849 ne pouvait pas avoir d'heureuses conséquences pour la Bukovine dont le vrai développement national ne commence que dans le dernier quart du xix° siècle.

Actuellement, au point de vue de la culture nationale et de la vie politique, les progrès accomplis par la Bukovine sont très remarquables. L'instruction publique y est donnée en langue ukrainienne. Tous les villages y ont leur école primaire. Il y a des gymnases. L'Université de Czernovitz possède deux chaires ukrainiennes. De même qu'en Galicie, les sociétés littéraires, pédagogiques, économiques sont nombreuses. Les hommes politiques et les intellectuels ont su répandre universellement dans le peuple l'idée patriotique.

d) *En Ukraine Hongroise.*

L'Ukraine hongroise occupe une partie du versant occidental des Carpathes et sépare la Hongrie proprement dite, de la Galicie par une bande étroite. Là vivent plus de 5oo.ooo Ukrainiens.

Pendant des siècles, les Ukrainiens ont vécu en bonne intelligence avec les Magyars. Ils ont pu conserver librement leur religion orthodoxe de même que leur caractère national. C'est seulement au XVIe siècle qu'a commencé à s'exercer la pression des Hongrois contre les Ruthènes; et elle s'est manifestée d'abord par des persécutions religieuses.

Au milieu du XVIIe siècle, les Ukrainiens de Hongrie ont dû accepter l'union avec l'église catholique. Mais cette union n'a pas supprimé les persécutions religieuses qui, peu à peu, ont pris le caractère de véritables persécutions nationales. Les hautes classes ont commencé à se magyariser. Pour le peuple, la situation ne s'est améliorée que sous les règnes de Marie-Thérèse et de Joseph II. Un diocèse ruthène a été autorisé. Un séminaire et une faculté théologique ont été ouverts. Jouissant des mêmes droits que les prêtres catholiques, les ecclésiastiques ukrainiens purent conserver leur nationalité, ce qui avait une grande importance puisque, placés au milieu d'une population illettrée, ils constituaient la seule force intellectuelle du pays. Plusieurs d'entre eux se sont intéressés aux questions scientifiques et ont étendu leurs relations avec les autres peuples slaves. Dans les écoles ruthènes de Hongrie, des Galiciens venaient s'instruire tandis que des Ukrainiens de Hongrie allaient étudier dans les écoles de Lemberg. Quelques-uns même de ces derniers, gagnant la Russie, y ont joué un certain rôle. Mais, dès le premier quart du XIXe siècle, le nationalisme hongrois se développa très vite. La langue latine, qui était la langue officielle, fut peu à peu supplantée par la langue hongroise. En 1844, la Diète de Perthes décida que la langue des magyars devenait la seule langue de l'Etat. La révolte des Hongrois contre l'Autriche, en 1849, eut une grande influence sur le sort des Ruthènes. Momentanément, le gouvernement autrichien se montra favorable à ces derniers afin de diminuer la force magyare. Plusieurs nouvelles écoles ukrainiennes purent s'ouvrir; et la conscience nationale des Ruthènes s'accrut. Mais le régime hongrois ne tarda pas à se manifester de nouveau. Il ne cacha pas ses prétentions de s'assimiler les Ukrainiens. Les écoles ruthènes furent une à une fermées. La langue ukrainienne était proscrite des tribunaux et de toute l'administration. Et ce régime rigoureux porta ses fruits : une partie de la population ruthène fut magyarisée; le reste fut plongé dans une misère profonde et dans une ignorance presque absolue.

Toutefois le mouvement littéraire, quoique faible, ne cessa pas d'exister dans l'Ukraine hongroise. Mais il affectait un caractère ecclésiastique. Les relations avec la Galicie furent toujours entravées par les Magyars qui avaient peur du panslavisme. Cependant, sous l'influence du grand patriote Dragomanov, qui visita deux fois ce pauvre pays et qui incita les Galiciens à s'intéresser au sort de leurs frères hongrois, le rapprochement entre les deux pays commença à se réaliser. Les Galiciens ont parcouru la Ruthénie hongroise, y ont noué des relations, ont créé un fonds spécial pour la propagande et l'assistance dans ce pays. En 1896, une protestation des Galiciens fut publiée contre le régime des magyars.

Durant ces dernières années, le mouvement national a fait quelques progrès, surtout à la suite des événements dont l'Ukraine a été le théâtre en 1917 et 1918. Au moment de la chute de l'Autriche-Hongrie, les Ukrainiens de Hongrie ont manifesté leur volonté d'être unis à la Galicie et à toute l'Ukraine.

III

LA CULTURE UKRAINIENNE

Les publicistes polonais auraient voulu convaincre le monde que la langue ukrainienne de Kholm, de Volhinie et de Kiev n'est qu'un dialecte de la langue polonaise; et certains Russes, de leur côté, ont prétendu que la langue ukrainienne n'est qu'un dialecte de la langue russe. Cependant, des savants tels que Miklochitch, Yahitch, Potebnia, Sreznievsky, Jytetzky, Schakhmatov, Mikhaltchouk, Ohonevsky, Korch, Stotzky et Krymsky ont prouvé par leurs études méthodiques que la langue ukrainienne est un idiome indépendant parmi les langues slaves, ce qui fut d'ailleurs reconnu par l'académie de Pétrograde, en 1905, dans un mémoire célèbre.

Il est possible qu'aux temps anciens, les peuples slaves d'orient (Ukrainiens, Russes et Blancs-Russes) parlassent une langue commune à tous les Slaves; mais aux VIII° et IX° siècles, ces peuples n'avaient déjà plus une langue unique; dans les écrits de cette époque on constate une grande diférence entre la langue kievienne-galicienne et celle de Souzdal-Vladimir.

La différence s'accentua progressivement, surtout après l'invasion des Tatares; et, au XIV° siècle, la langue littéraire du midi différait presque entièrement de celle du nord. De l'idiome méridional naquit la langue ukrainienne, tandis que l'idiome du nord donnait naissance à la langue russe et blanche-russe. A la fin du XIV° siècle, et au commencement du XV° siècle, l'Ukraine, la Russie-Blanche et la Lithuanie formèrent ensemble un seul Etat; et, jusqu'à la fin du XVIII° siècle, leur vie politique et culturelle fut tout à fait différente de celle que menait l'empire moscovite. C'est pourquoi lorsqu'à la fin du XVIII° siècle, la Russie s'annexa les territoires ukrainiens et blancs-russes, elle constata l'existence de trois peuples slaves d'orient : Ukrainiens, Blancs-Russes et Russes, sortis de la même souche.

La langue ukrainienne se divise en quatre dialectes qui sont :

le Sud-Ukrainien, le Nord-Ukrainien, l'Ouest-Ukrainien et le dialecte des Carpathes. Le dialecte du Sud englobe la Kievie du Sud, la Podolie de l'Est, la Tchernigovie du Sud, la Poltavie, la Kharkovie, la Katherinoslavie, la Khersonie, la Tauride, la Koubanie, les parties peuplées par les Ukrainiens de Voroneje, du Don et de Koursk. Le dialecte du Nord englobe la Kievie du Nord, la Tchernigovie du Nord, la Volhynie du Nord, la Polissia et la Pidlachie. Le dialecte d'Ouest englobe la Galicie ukrainienne (orientale), la Volhynie du Sud, la Podolie d'Ouest. Enfin le dialecte ukrainien des Carpathes, englobe la partie des Carpathes peuplée par les Ukrainiens montagnards : Lemkys, Boïkys et Houtzoulys.

Les dialectes ukrainiens, malgré leurs nuances, ont entre eux un lien de parenté si intime que l'Ukrainien Boïko des Carpathes et le Kozac du Kouban voisin du Caucase, le Pidlachien (Pintchouk) du nord et l'Ukrainien de la Bessarabie du sud se comprennent sans peine, et que, sur tout le territoire de la vaste Ukraine, s'entendent les mêmes chansons, les mêmes dictons, les mêmes badinages, les mêmes légendes. Tout au contraire, le paysan ukrainien comprend difficilement le polonais et le russe.

Aussi l'interdiction des écoles ukrainiennes au temps du tsarisme a-t-elle donné de très mauvais résultats et retardé la marche de la civilisation en Ukraine. La statistique prouve qu'à cause de la difficulté des langues il y avait un pourcentage assez élevé d'écoliers qui, après avoir reçu une certaine instruction, retournaient à l'analphabétisme. C'est dire que la question scolaire a joué un rôle important avant la Révolution.

2. La Littérature.

La littérature ukrainienne a réalisé de vastes progrès dans ces dernières années surtout. Elle occupe un des premiers rangs parmi les littératures slaves (elle se place tout de suite après les littératures russe et polonaise). Au XIXᵉ siècle, elle a accompli une grande tâche historique : elle a réveillé le peuple et l'a préparé à la vie politique et à la reconstitution de son Etat.

Déjà au XIᵉ et XIIᵉ siècles, à l'époque de l'Etat kiévien, existait une littérature qui avait subi l'influence byzantine. La tradition littéraire de Kiev fut continuée, comme en témoignent les annales galiciennes-volhyniennes des XIIIᵉ et XIVᵉ siècles et aussi les archives de l'Etat lithuano-russe des XVᵉ et XVIᵉ siècles. Plus tard, à la fin du XVIᵉ siècle et surtout au XVIIᵉ siècle, au moment de la lutte contre les prétentions qu'avaient les Polonais d'imposer leur culture et leur religion, la littérature ukrainienne eut un épanouissement remarquable.

La littérature écrite (et notamment les annales des Cosaques) se rapprocha beaucoup de la langue populaire. Il est nécessaire d'ajouter qu'au XVIIᵉ siècle la littérature et la civilisation ukrainiennes étaient beaucoup plus avancées que celles de la Russie et qu'elles eurent sur ce dernier pays une influence considérable. Le gouvernement russe invitait à Moscou les savants ukrainiens pour qu'ils y organisassent des écoles et travaillassent à l'expansion de la production littéraire. Cette influence civilisatrice se fit sentir davantage encore en Russie après l'union de l'Ukraine avec la Russie. Les plus grands savants et lettrés, à l'époque des réformes de Pierre Iᵉʳ, Theophan Prokopovitch, Stephan Iavorsky, Dmytro Rostovsky, Silvestre Medvediv, Epiphan Slovinetzky, furent des Ukrainiens. Elèves de l'Académie de Kiev, ils avaient été appelés, en qualité de professeurs, à Moscou et à Pétrograde. Le XVIIᵉ siècle connut comme écrivains ukrainiens Smotrytzky, Sakovitch, Petro Mohyla, Baranovitch, Radzielovsky, Hizel.

L'instruction était alors très répandue en Ukraine : des écoles moyennes étaient fondées à Lemberg, à Tchernyhïv, à Ostrog et dans d'autres villes. Une Académie avait été instituée à Kiev qui comptait un grand nombre d'imprimeries où étaient édités des ouvrages non seulement pour l'usage des Ukrainiens, mais encore pour les autres peuples slaves (Russes, Serbes, etc.).

Or, en 1685, l'indépendance de l'Eglise ukrainienne fut abolie; et le développement de la culture ukrainienne commença à être entravé. Bientôt, l'impression des livres ukrainiens fut interdite.

Le xviii' siècle fut une époque néfaste dans l'histoire du peuple ukrainien. Mais la littérature ukrainienne devait renaître.

Cette renaissance correspond au réveil national des peuples slaves, et spécialement de la littérature russe qu'elle précède de quelques années. Son grand artisan est Ivan Kotlarevski qui mérite le titre de père de la nouvelle littérature ukrainienne. Celle-ci se développe assez vite. Au commencement du xix° siècle s'est déjà formée toute une école littéraire qui a à sa tête le directeur de l'Université de Kharkov, Houlak-Artemovsky, F. Hrebinka, F. Kvitka. Une école semblable, mais plus puissante et plus brillante, se crée autour de l'Université de Kiev. Elle a pour chef l'historien Kostomarov et rassemble les écrivains les plus célèbres de l'Ukraine : le poète et peintre T. Chevtchenko, les historiens et savants P. Kouliche, A. Barvinok. M. Markovitch, O. Storojenko, J. Stchoholiv, S. Roudansky, P. Swidnytcky.

Chevtchenko prédomine sur la littérature d'alors, comme sur toute la littérature ukrainienne. Fils de la glèbe serf d'origine, il s'était élevé par la seule force de son génie qui sut exprimer tous les sentiments, toutes les aspirations, toutes les douleurs de son pays. Dans ses poèmes historiques, il a évoqué les héros de l'époque des Cosaques : il a rappelé à son peuple le devoir national; il lui a donné une idée vivante de la patrie.

La grande route littéraire était tracée. La littérature ne cessa plus de se développer, en dépit des vexations des entraves du régime tsariste. Après Chevtchenko, la plus haute figure littéraire est celle d'Ivan Franko, érudit, folkloriste, critique aux idées profondes, qui a écrit de grands poèmes symboliques et notamment le *Moïse*. des élégies, des nouvelles où les labeurs du peuple ukrainien (en Galicie surtout) sont montrés avec un réalisme touchant.

Les écrivains de la seconde moitié du xix° siècle se sont, à l'exemple de leurs prédécesseurs, attachés surtout à décrire les scènes de la vie populaire sous ses aspects les plus divers. C'est pour cette raison que la littérature d'alors est très lue, très aimée, par le peuple qui se trouve là tout entier, avec ses mœurs, avec son originalité et son pittoresque. Parmi les écrivains de cette époque se distingue le prosateur I. Levitsky qui, à l'heure la plus sombre de l'autocratie moscovite, a rappelé toujours à ses contemporains, par des nouvelles et des contes d'une grande simplicité, l'existence du peuple qui attend son réveil. Les mêmes thèmes remplissent l'œuvre de P. Myrnyi, de B. Hrintchenko, des dramaturges Kropivnytzky et Tobilevitch. Ces deux derniers, qui étaient aussi de grands acteurs, représentaient eux-mêmes leurs pièces.

Les misères du peuple préoccupent également un écrivain peu abondant, mais fort remarquable : Stéphanik, qui, par sa façon originale d'écrire, se relie à une nouvelle époque littéraire. Kotsubinsky a donné, lui aussi, de nombreux tableaux de la vie populaire; mais l'idée esthétique le préoccupe surtout: les sentiments raffinés remplissent ses livres.

Il convient de citer encore la poétesse L. Ukraïnka et les poètes préférés des Ukrainiens Olès, sans oublier Iatskiv, Lipkvi et Tchouprynka. Une place à part est tenue par un écrivain très curieux et très personnel, Vinnitchenko, auteur de romans, de nouvelles et de drames remarquables. Connu comme un réaliste et un psychologue, il pose de grands problèmes qu'il s'applique à résoudre dans ses œuvres savoureuses.

Des écrivains comme Chevtchenko, Franko, Kotsubinsky, Olès, Vinnitchenko prouvent que la littérature ukrainienne a droit à une place parmi les littératures européennes, et surtout parmi celles du peuple slave. Pour l'époque qui suit celle de Chevtchenko, il faut encore citer les noms des écrivains suivants : Chachkevitch, Fedkovitch, Mme O. Kobelianska, Mme Kabrynska, S. Kovaliv, T. Bordouliak, M. Starytzky, Markovitch, Tcherniavsky, Tcherniachivska, Karmansky, Worony.

3. LE THÉATRE, LA MUSIQUE ET LES ARTS PLASTIQUES.

Le théâtre ukrainien commença à exister au XVIIe siècle. Il s'inspira presque uniquement de sujets religieux. Mais il était appelé à jouer un grand rôle national dans la seconde moitié du XIXe siècle.

La censure russe ne laissait représenter que des pièces de mœurs populaires, quelquefois des pièces historiques. Mais un groupe d'artistes de haut talent a rendu célèbre le théâtre ukrainien qui, en évoquant le passé, en montrant la vie du peuple, en faisant entendre les mélancoliques chansons ukrainiennes, tenait en éveil le sentiment national.

Aujourd'hui, ce théâtre subit une transformation. A son répertoire s'ajoutent les chefs-d'œuvre de la littérature dramatique européenne et les pièces ukrainiennes dont la représentation était impossible sous le régime tsariste.

Actuellement, Kiev possède un théâtre national et plusieurs autres scènes ukrainiennes. En province, il y a de nombreuses troupes ukrainiennes. Il est intéressant d'ajouter que le peuple a donné, avant la Révolution, une grande quantité de représentations d'amateurs dans les villages.

Il existait depuis quelques années à Kiev une école musico dramatique de « Lysenko » qui est transformée aujourd'hui en « Institut ». Kiev a aussi un Conservatoire. Un autre Institut musical de Lysenko a été fondé à Lemberg.

En Ukraine, le peuple est doué d'un grand sens musical. Les chansons populaires y sont nombreuses et d'un charme profond. Déjà pendant l'asservissement, l'art musical commença à se révéler. Un grand musicien Lysenko, créa l'opéra ukrainien et la musique orchestrale. Après lui et continuant son œuvre, se révélèrent plusieurs autres musiciens d'un réel talent : Nit-chensky, Stepovi, Londkewych, etc.

Dans l'Etat kievien des xi°, xii° et xiii° siècles, l'art ukrainien était déjà très florissant. Dès cette époque, l'Ukraine avait des monuments d'une grande valeur architecturale et d'inépuisables trésors en dessins religieux.

Plus tard, au temps de la lutte du peuple ukrainien pour son indépendance (xvii° siècle), l'art ukrainien s'était déjà libéré de l'influence de Byzance et avait évolué vers un style nouveau et national. On trouve encore dans toute l'Ukraine des églises de ce style, la plupart construites vers la fin du xviii° siècle et au commencement du xix°. Les cathédrales de Sainte-Sophie et le monastère de Saint-Michel, à Kiev, sont des monuments imposants et témoignent de l'originalité du vieux style ukrainien. On trouve également en Ukraine de nombreux restes d'architecture civile et des œuvres picturales.

A la fin du xviii° siècle et au commencement du xix°, l'Ukraine a donné de grands peintres : Borovykovsky, Levizky, Losenko, Chevtchenko, etc.

En 1917, on a fondé à Kiev l'Académie d'art ukrainien et d'autres écoles pour l'éducation des jeunes artistes et pour le développement de l'art national.

Il s'était ouvert à la fin du xix° siècle une Faculté d'architecture ukrainienne; et nombreuses déjà sont les constructions de style purement ukrainien qui s'élèvent dans le pays.

Ce qui caractérise ce style, c'est surtout la riche variété d'ornementation puisée en majeure partie dans l'art populaire ukrainien, qui se distingue nettement de celui des peuples voisins.

4. Les Sciences

Les sciences, et surtout en ce qui touche l'étude des traditions et usages populaires, ont accompli de grands progrès en Ukraine durant le xix° siècle et le commencement du xx°. Le folklore, l'histoire ont intéressé de tout temps les savants ukrainiens. Deux des plus anciens folkloristes, les professeurs Maximovitch et Holovatsky, puis le poète Koulich ont publié des recueils d'une documentation précieuse. Ils ont été suivis par Dragomanov, Tchoubinsky, I. Franko, Hnatuk, par beaucoup d'autres. L'ethnographie ukrainienne a été étudiée par Tchoubinsky, et surtout par T. Volkov, l'anthropologue qui a organisé la mensuration des Ukrainiens et qui a fait paraître des travaux remarquables sur cette question. Ces savants ont eu plusieurs collaborateurs et de nombreux disciples.

Les sciences, surtout en ce qui touche l'étude des traditions cité l'attention des Ukrainiens. Au milieu du xix° siècle, Kostomarov a donné un grand nombre d'études pittoresques. Plus tard, le célèbre professeur Antonovitch a fait paraître des ouvrages de premier ordre et a dirigé la publication d'une abondante docutation sur l'histoire ukrainienne. Ses recherches archéologiques sont connues. Il a laissé des élèves nombreux. Parmi les historiens ukrainiens de notre temps, le professeur Grouchevsky occupe la première place. On lui doit une grande quantité de monographies et huit volumes importants sur l'histoire ukrainienne qui seront la base des études nouvelles. Il convient de nommer encore les historiens Lasarevsky, Dachkievitch, Yasilenko, Tomachivski, Cordouba.

En ce qui concerne la philologie nationale, l'Ukraine a fourni des savants tels que Jitezky, Michalchouk, Smal-Stozky, Krimsky.

Parmi les critiques et historiens littéraires, nous signalerons Petrov, Ivan Franko, Serge Epremov et l'académicien Peretz.

La statistique et l'économie politique progressent aussi en Ukraine (Roussov, Padalka, Ochrimohitch, Makiévitch, Timochenko, M. Losynky et autres). La géographie y est représentée par Roudnitky et l'histoire des beaux-arts par les professeurs de l'Université Pavlousky et Chirotsky. Pour la jurisprudence il faut nommer S. Kistiakowsky, B. Kistiakowsky, Oganowsky, Stebelsky, Dnistriansky.

Plusieurs sociétés scientifiques existent depuis longtemps en Ukraine. En 1870, il y avait à Kiev une Société scientifique qui composait une annexe de la Société géographique de l'empire russe, et qui a publié maints travaux. Mais cette annexe fut fermée par la police tsariste. Les publications en langue ukrainienne étant rigoureusement défendues, les savants ukrainiens durent publier en langue russe la revue mensuelle *Kievskaïa-Starina*, consacrée aux études du pays natal, qui parut pendant vingt-cinq ans. En 1892, la société « En mémoire de Chevtchenko », de Lemberg, devint une société scientifique et publia le premier recueil de ses travaux. Cette société avait des sections historiques, philologiques, de sciences naturelles et mathématiques. Elle possédait un musée, une bibliothèque importante, une imprimerie, une librairie, sous la direction du professeur Grouchevsky. Elle a fait paraître *des centaines* de volumes comprenant des travaux originaux en même temps que des documents relatifs à toutes les sciences. En 1906, fut fondée à Kiev la Société scientifique ukrainienne qui eut aussi plusieurs subdivisions et publia en langue ukrainienne des volumes scientifiques et un périodique : *Ukraïna*.

A l'Université de Lemberg, une quinzaine de cours étaient faits en ukrainien. Il en était de même à l'Université de Tchernowitz.

En 1905, dans les Universités de Kiev, de Karkoff, d'Odessa, des cours de sciences ukrainiennes furent autorisés; mais ils ne tardèrent pas être interdits. Après la Révolution de 1917, on a fondé à Kiev une Université ukrainienne qui fonctionna en même temps que l'ancienne Université russe. A Kamenetz-Podolsk, une Université nationale fut également inaugurée. A Poltava fut ouverte la faculté des lettres, et à Kiev, l'Académie scientifique. Dans toutes les Universités russes de l'Ukraine, des chaires furent données aux sciences du pays.

Une des choses dont souffrit le plus cruellement l'Ukraine fut la défense d'avoir des écoles nationales. C'est seulement en Galicie et en Bukovine qu'une école primaire et une école secondaire existent depuis longtemps, ce qui explique que les habitants de ces deux régions ont une plus haute culture nationale et un patriotisme plus zélé que les populations des régions de l'Ukraine de l'est.

Mais deux ans de révolution ont rendu possible la réorganisation de l'instruction publique dans toute l'Ukraine. L'activité ardente du ministère de l'instruction publique de Kiev et de tous les intellectuels ont permis de couvrir toute l'Ukraine d'écoles nationales primaires. L'organisation des écoles secondaires fait aussi de grands progrès. Partout sont enseignées la langue, l'histoire, la littérature ukrainiennes; partout existent déjà plus d'une centaine de gymnases purement ukrainiens.

En 1905 furent créées, sous le titre de *Prosvita*, des sociétés pour le développement de l'instruction du peuple. Mais la police les poursuivit, les ferma. Elles se rouvrirent. Actuellement, l'Ukraine a des centaines de ces sociétés, fondées le plus souvent par les paysans eux-mêmes.

La presse ukrainienne, qui fut pendant des dizaines d'années totalement interdite, est à cette heure très nombreuse. Outre les journaux quotidiens, il existe des revues de périodicités diverses, toutes sortes de publications pédagogiques, coopératives, agronomiques, médicales, etc. En dépit de grandes difficultés techniques, l'impression des livres a pris, pendant la Révolution, une importance qu'elle n'avait jamais pu avoir jusqu'alors. Mais, si considérable qu'ait été le nombre des livres imprimés dans ces dernières années, c'est à peine s'ils ont pu suffire aux demandes du peuple.

IV

LA VIE ÉCONOMIQUE

1. L'Exploitation des surfaces.

a) Observations générales.

En Europe Occidentale, on n'a pas considéré jusqu'à ces derniers temps l'Ukraine comme vivant d'une vie économique propre, indépendante de l'existence de la Russie entière. On se la représentait plutôt comme faisant partie intégrante de l'ancien Empire des tsars, mais sans se rendre bien compte de la place qu'elle y occupait. C'était la Russie, dans sa totalité, qui était considérée comme l'organisme économique véritable.

Ce n'est qu'après l'abolition du pouvoir central par la Révolution que l'on a commencé de comprendre en Europe Occidentale que la Russie n'était pas un organisme indivisible, mais qu'elle était formée d'un ensemble de groupements qui tous ont retrouvé en eux-mêmes un centre économique, national et administratif.

Que représente donc l'Ukraine au point de vue économique ? Possède-t-elle en elle un organisme complet, doué d'une vie propre ou est-elle simplement un membre d'un organisme qui, séparé du tronc, est voué à une mort économique certaine ou du moins à un dépérissement lent, qui peu à peu entraînera sa mort économique ?

Il est un fait cependant que l'Europe Occidentale *n'ignore pas entièrement à savoir que*, peu développée au point de vue *industriel,* l'Ukraine est le pays agricole par excellence. Voici des chiffres éloquents : En Ukraine, la population urbaine ne représente que 15 % de la population totale, alors qu'elle est en France de 45 %, aux États-Unis de 46 %, en Allemagne de 60 % et en Grande-Bretagne de 78 %.

En Ukraine, 75 à 80 % de la totalité de la population vit directement de l'agriculture, 9 à 10 %, de l'industrie et des mines, et 5 % du commerce, tandis qu'en Europe, le rapport des professions des habitants se présente de la façon suivante :

ÉTATS	POPULATION AGRICOLE Eaux et Forêts	INDUSTRIE ET MINES	COMMERCE
Italie	60	25	7
Autriche	53	27	10
France	43	32	14
Allemagne	29	43	13
Grande-Bretagne	13	46	21

L'Ukraine est donc bien, en effet, le pays agricole par excellence, et l'agriculture constitue manifestement sa base économique.

Or, si l'Europe Occidentale n'ignore pas entièrement la place spéciale qu'occupe l'Ukraine au point de vue agricole, elle ne se fait pas une idée très nette des conditions dans lesquelles se trouve l'agriculture ukrainienne.

On se représente l'Ukraine avec des plaines se déroulant à perte de vue, des steppes se perdant à l'horizon, avec de côté et d'autre de rares villages abritant une population disséminée, et quelques terres laissées en friche. Il n'en est pas tout à fait ainsi.

Il y a en Ukraine, il est vrai, de vastes étendues de terrains où les villages sont très espacés : ce sont les parties du Sud dont la colonisation par les Ukrainiens est de date plus récente (le gouvernement de Tauride, quelques régions du Don, du Kouban et de Stavropol). Mais, quand on parcourt le Centre, l'Ouest et le Nord du pays, on y voit une population extrêmement dense. Dans ces régions, la surpopulation agricole est plus grande que dans n'importe quelle autre région de l'Europe Occidentale.

Ce fait devient évident si l'on compare la densité de la population agricole ukrainienne avec celle de la population agricole des autres pays, de la France et de l'Allemagne par exemple. Alors que la population agricole, pour 1.000 hectares de terre arable, est en France de 509 habitants et en Allemagne de 505, dans le Sud et l'Est de l'Ukraine, elle est pour :

Kouban 440
Ekaterinoslav 490
Tauride 330
Kherson 410

Dans le Centre et dans le Nord, elle est pour :

Kiev 1.010
Podolie 990
Volhynie 800
Tchernigov 775
Poltava 780
Kharkov 645

Il résulte de ces chiffres que seules ont une population agricole inférieure à celle de la France et de l'Allemagne, les régions les moins peuplées du Kouban, d'Ekaterinoslav et de Kherson; et encore cette infériorité est-elle à peine sensible. Par contre, dans l'Ukraine Centrale, dont la colonisation est plus ancienne, la population agricole est une fois et demie et même deux fois plus dense qu'en France et en Allemagne.

D'où vient cette grande surpopulation agricole en Ukraine? De ce fait que, par suite de la politique économique de Pétrograd, l'industrie n'a pas pu se développer dans la partie méridionale de l'ancien Empire russe. En conséquence, une main-d'œuvre agricole superflue est demeurée dans les campagnes.

C'est aussi dans les régions où la population agricole est plus dense que la répartition de la propriété foncière s'est effectuée le plus inégalement et que se trouvent les plus grandes propriétés. Les vastes domaines que l'on voit en Ukraine sont le résultat de la politique foncière de Moscou et de la Pologne.

En effet, ce sont les paysans ukrainiens et les Cosaques qui ont d'abord colonisé les steppes du Dniepr et de la Mer Noire, puis les ont défendues contre les incursions des hordes tatares et des autres peuples nomades. Il semblerait donc qu'ils en dussent être les légitimes propriétaires. Catherine II et les rois de Pologne en décidèrent autrement. Les enlevant à ceux qui les avaient arrosées de leur sueur et de leur sang, les tsars de Moscou et les rois de Pologne donnèrent ces terres aux seigneurs et aux courtisans.

La grande propriété en Ukraine est donc le fait de deux gouvernements étrangers.

Lors de l'abolition du servage, les paysans de l'Ukraine ne reçurent que près de 45 % de la totalité des terres. Les grands et les moyens propriétaires en eurent autant. Le reste (8 à 9 %) fut réservé à l'Etat, à l'Eglise, aux monastères.

Le demi-siècle qui s'est écoulé depuis a démontré que les paysans ukrainiens sont capables de conserver la propriété des terres qui leur ont été réparties. Alors que la noblesse aliénait 45 % de ses propriétés, les paysans se rendaient acquéreurs de la presque totalité de celles-ci. Et cela, bien que les terres des grands propriétaires et des nobles fussent moins imposées que les terres des paysans, et malgré les conditions très favorables que le Crédit foncier consentait à la noblesse.

Cette évolution se continuant, la propriété foncière dans les neuf gouvernements de l'Ukraine est arrivée à la proportion que voici :

Petites et moyennes propriétés paysannes.   60 0/0
Grandes propriétés (plus de 100 déciatines (1) 33 0/0
Propriétés d'Etat, églises, monastères et
autres institutions. 7 0/0

Alors que les grandes propriétés de plus de 10.000 déciatines forment 20 % de la totalité des terres, la superficie moyenne

____

(1) Un déciatine vaut 1.09 hectare.

des petites propriétés paysannes n'excède pas 7 déciatines, et 4o % de ces familles paysannes ont un bien-fonds inférieur à 5 déciatines.

La répartition inégale de la propriété foncière a eu pour résultat d'augmenter les besoins des paysans par rapport à la terre et d'accroître la surpopulation des campagnes.

En conséquence, les paysans de l'Ukraine ont émigré et sont allés cultiver d'autres terres. Ils se sont répandus surtout à l'Est et au Sud; et, après avoir colonisé, au XVIII° siècle, le Kouban, ils ont gagné les steppes du Don méridional et du Nord du Caucase qu'ils ont labourées et ensemencées et sur lesquelles ils ont acquis des droits incontestables.

Les Grands-Russes peu accoutumés aux labours des « steppes du Sud » se sont répandus vers le Nord-Est et vers la Sibérie, laissant les Ukrainiens s'emparer de terres importantes au Sud-Est.

D'autre part, au cours de ces vingt dernières années, la colonisation ukrainienne s'est répandue au delà de l'Oural, en Sibérie et au Turkestan. Près de deux millions d'Ukrainiens, soit plus de 50 % de la totalité des émigrants de la Russie européenne en Sibérie et au Turkestan, ont franchi l'Oural, ce qui revient à dire que l'Ukraine a, sinon le droit de posséder des territoires dans l'ancienne Russie asiatique, du moins celui d'étendre ses colonies en Sibérie et au Turkestan.

La culture à laquelle se livre la population agricole ukrainienne est assez variée. A ce point de vue, voici comment le sol ukrainien se divise :

Terre arable 65 0/0
Forêts 10 0/0
Pâturages, prairies. 12 0/0
Autres terres productives 6 0/0
Terres stériles . . . . 6 à 7 0/0

b) *Les forêts.*

Ce que l'on constate tout d'abord en Ukraine, quand on traverse ses campagnes, c'est que le pays est peu boisé comparativement aux autres pays de l'Europe Centrale et de l'Europe Occidentale. Ainsi, alors que les forêts forment en Autriche 32 % de la totalité des terres, en Allemagne 26 %, en France 18 % et en Italie 15 %, en Ukraine elles ne sont que de 10 %, chiffre supérieur à celui de la Grande-Bretagne, de l'Espagne, de la Hollande et de la Belgique.

L'Ukraine a deux centres forestiers. Le premier se trouve à l'extrémité nord-est de l'Ukraine et comprend la Volhynie, Pinsk, le nord de Kiev, Tchernigov. Dans ces régions, près d'un quart des terres est couvert de forêts. Les Carpathes de la Galicie et de la Bukovine sont plus boisées encore. L'Ukraine exporte les bois de ces différentes régions jusqu'en Europe Occidentale.

L'autre centre forestier se trouve dans les contreforts du Caucase, dans la vallée du Kouban, dont 15 % des terres sont boisées, et dans le gouvernement de la Mer Noire où se voient d'assez belles forêts.

Par contre, le Centre et le Sud de l'Ukraine possèdent peu de forêts : Ekaterinoslav, Poltava, la Tauride et Kherson n'ont que 5 % de leur territoire boisé. Mais l'Ukraine Centrale est arrosée par le Dnièpr qui est la voie naturelle pour l'acheminement des bois de la Russie-Blanche et de la Lithuanie.

En résumé, si l'Ukraine n'est pas un pays forestier dans le vrai sens du mot, elle est du moins assurée d'obtenir par la voie du Dnièpr tout le bois dont elle peut avoir besoin.

c) *L'agriculture.*

La base économique de l'Ukraine est, sans conteste, l'agriculture.

Ainsi qu'il a été dit plus haut, les deux tiers du territoire se composent de terres arables, ce qui prouve, d'une part, qu'en Ukraine il n'y a pas beaucoup de terres incultes et, d'autre part, que dans l'économie ukrainienne la forêt et l'élevage ne jouent pas un grand rôle parce que ni le terrain propre aux pâturages et aux prairies ni le terrain boisé ne sont considérables.

Les céréales forment la richesse principale de l'agriculture ukrainienne : elles couvrent plus de 90 % des terres ensemencées alors qu'il n'y a que 8 1/2 % de tubercules, de légumineuses, de fourrages, d'herbage, et de cultures industrielles (betteraves à sucre, plantes oléagineuses, tabac, etc.). Cela prouve que, bien qu'en Ukraine la population agricole soit très dense dans beaucoup d'endroits, la culture n'a pas encore atteint partout un haut degré de développement. On n'y trouve pas toujours un assolement régulier. Mais, dans les grandes et moyennes propriétés, la culture est plus avancée.

La cause de l'infériorité relative de la culture chez les paysans est l'ignorance dans laquelle ceux-ci ont vécu jusqu'ici par la faute du gouvernement central qui a ouvert peu d'écoles en Ukraine et y a fait donner l'enseignement en une langue étrangère (la langue russe), incomprise des paysans. D'autre part, les associations agricoles, les coopératives et autres organisations paysannes qui jouent un rôle si important dans l'extension et l'amélioration de la petite culture ont été jusqu'en 1905 interdites de la façon la plus absolue.

Enfin le gouvernement central a suivi une politique telle dans la répartition de l'impôt que la plupart des charges ont pesé sur les paysans.

Les dix années qui se sont écoulées après la Révolution de 1905 indiquent d'une manière évidente que les paysans ukrainiens, placés dans des conditions plus favorables, amélioreraient rapidement l'agriculture. Aussitôt qu'ils ont eu obtenu la faculté d'organiser des coopératives, malgré les entraves apportées à leurs nouveaux droits et bien que les autres conditions défavorables restassent les mêmes, ces paysans ont réalisé de très grands progrès. L'emploi des machines agricoles (ensemenceuses, moissonneuses, batteuses) est devenu habituel chez eux, surtout dans les endroits les moins peuplés. La culture des plantes industrielles (oléagineuses et tabac), des herbages et des tubercules, a été partout augmentée et intensifiée. Dans les centres les plus importants de betteraves, dans les gouvernements de Kiev, de Podolie et de Volhynie, les paysans ont triplé en dix ans leur culture de betteraves, et, au cours des dernières années, près d'un tiers de la culture totale s'est fait sur leurs terres.

D'autre part, les paysans commencent à améliorer l'élevage
des bêtes à cornes et à effectuer sur une plus grande échelle l'élevage de la volaille destinée à l'exportation. Dans les gouvernements de Kiev et de Volhynie, les paysans élèvent des bœufs des-
tinés à la boucherie, pour les exporter à Varsovie, à Pétrograd et
à l'étranger.

Ces progrès réalisés dans la production agricole en Ukraine,
alors que jusqu'à nos jours, les conditions y ont été très défavorables, montrent ce que pourra être l'agriculture ukrainienne
quand le peuple jouira d'une entière liberté, qu'il aura la faculté
de s'instruire, de former des organisations, et quand surtout la loi
agraire aura obtenu sa pleine réalisation.

La superficie de terre arable est plus grande en Ukraine que
dans toutes les autres parties de l'Europe, la Russie exceptée.
Dans les frontières ethnographiques ukrainiennes, il y a plus de
45.000.000 d'hectares de terres arables, alors qu'en Allemagne
il n'y en a que 25.000.000, en France 24.000.000, et dans
l'ancienne Autriche-Hongrie 24.000.000.

Sur ces 45.000.000 d'hectares de terres arables, près de
35.000.000 ont été ensemencés chaque année, ce qui donne plus
de 40 % des terres ensemencées de l'ancienne Russie européenne.

Ainsi qu'il a été dit plus haut, plus de 90 % de la terre ensemencée sont pris par les céréales parmi lesquelles la première
place est donnée au froment, la deuxième à l'orge, et la troisième
au seigle et à l'avoine. Le froment forme près de 40 % de la
totalité des ensemencements, l'orge près de 20 %; le seigle près
de 15 %, l'avoine près de 10 %, et les autres céréales près de
5 %. La surface ensemencée en froment en Ukraine est de 40 %
de la totalité des terrains ensemencés en froment dans l'ancienne
Russie européenne et asiatique. Pour l'orge, la proportion est
de 50 et même de 70 %. La culture du seigle et de l'avoine
occupe une superficie moindre, ce qui d'ailleurs est sans grande
importance, puisque ces deux céréales ne font pas l'objet d'une
exportation spéciale.

La moyenne de la récolte des céréales a été, en Ukraine,
pour les années 1911-1915, de plus de 275.000.000 de quintaux,
et ce chiffre ne comprend pas la récolte de la Galicie, non plus

que de la Bukovine. Et, bien que le rendement des récoltes soit plus faible en Ukraine qu'en Europe Occidentale, elle fournit autant de céréales que l'Allemagne et deux fois plus que la France.

Si nous prenons les neuf gouvernements de l'Ukraine, et si nous y ajoutons le gouvernement du Kouban qui appartient ethnographiquement en totalité à l'Ukraine, la moyenne des céréales récoltées au cours des années 1911-1915 est de 230.000.000 de quintaux qui se répartissent de la façon suivante .

Froment	80.000.000	de quintaux
Orge	54.000.000	—
Seigle	43.000.000	—
Avoine	28.000.000	—

auxquels il faut ajouter plus de 100.000.000 de quintaux de betteraves et 60.000.000 de quintaux de pommes de terre.

Pendant les campagnes agricoles de 1911-1915, l'Ukraine a récolté 65.000.000 kilogrammes de tabac, dont 22.000.000 de qualité supérieure (presque les 2/3 de la récolte russe). Les centres de culture sont, pour le tabac de qualité supérieure, les gouvernements de Tauride, du Kouban et les rivages de la Mer Noire; et pour le tabac ordinaire et le tabac de qualité inférieure, les gouvernements de Poltava et de Tchernigov, où pendant ces dernières années on a également commencé la culture du tabac de qualité supérieure.

La production des graines oléagineuses a produit le chiffre considérable de près de 6.000.000 de quintaux. Le centre de production le plus important est le Kouban, qui à lui seul a fourni plus de 3.000.000 quintaux.

La récolte du chanvre a atteint environ 1.000.000 de quintaux; celle du lin s'est élevée à 600.000 quintaux. La culture du lin et du chanvre est surtout développée dans les régions du Nord de l'Ukraine.

La vigne peut être cultivée sur presque tout le territoire ukrainien, sauf dans le Nord; mais les vignobles les plus importants se trouvent dans les gouvernements de Tauride, de Kherson, du Kouban et de la Mer Noire. Quelques vins de Crimée et des Côtes de la Mer Noire sont aussi réputés que les vins étrangers des meilleurs crus. L'Ukraine produit plus d'un million de quintaux de raisins qui fournissent presque 5oo.ooo hectolitres de vin.

Ces chiffres tout à fait sommaires indiquent quel rôle l'Ukraine a déjà joué, et celui surtout qu'elle est appelée à jouer, à l'avenir, dans le ravitaillement de l'Europe Occidentale, quand le peuple ukrainien aura atteint son libre essor et aura amélioré son agriculture, quand il aura porté la récolte des 10 à 11 quintaux à l'hectare qu'il produit actuellement aux 18 à 20 quintaux à l'hectare obtenus par les paysans de l'Europe Occidentale. Alors ce ne seront plus 275.ooo.ooo de quintaux de céréales que récoltera l'Ukraine, mais 5oo.ooo.ooo et plus.

d) *L'élevage.*

L'Ukraine n'est pas seulement le grenier de l'Europe; elle a également chez elle tout ce qui est nécessaire au développement d'un élevage rationnel.

Celui-ci se trouve pour le moment dans une période critique. D'une part, l'éleveur ukrainien n'a plus à sa disposition les vastes plaines en friche qui permettent l'élevage *extensif*, toujours possible quand le bétail peut trouver sa pâture au dehors. D'autre part, l'élevage *intensif* ne se fait pas encore en Ukraine sur une très vaste échelle, parce qu'il est intimement lié à l'agriculture intensive, laquelle, nous l'avons vu précédemment, n'est pas encore pratiquée.

L'élevage extensif des steppes vit ses derniers jours en Tauride, au sud d'Ekaterinoslav, et surtout plus à l'Est, dans le Kouban et dans le gouvernement de Stavropol où de grands troupeaux de moutons (Tauride) et de chevaux (Stavropol) se rencontrent çà et là.

L'élevage intensif, lui, fait ses premiers essais dans les gouvernements les plus peuplés, c'est-à-dire dans les gouvernements de Kiev, de Poltava, de Volhynie, de Podolie et de Chernigov. Dans ces endroits, l'élevage est étroitement lié à l'intensification de l'agriculture. Il est pratiqué en partie par les grands proprié-

taires qui s'adonnent particulièrement à la culture de la betterave et qui possèdent des sucreries. Mais les paysans commencent
également à faire l'élevage intensif, surtout dans les endroits
situés près des sucreries et qui sont en train de devenir des centres
importants d'élevage du bétail à cornes destiné à l'exportation.

Pour l'heure, cependant, l'Ukraine prise dans son ensemble,
est, au point de vue de l'élevage, dans une situation inférieure à
celle des pays de l'Europe Occidentale, bien que, considéré en
soi, le chiffre représentant la quantité d'animaux élevés en
Ukraine (Bukovine et Galicie non comprises) soit assez important. Il peut se détailler ainsi :

	UKRAINE BUKOVINE ET GALICIE non comprise	UKRAINE :	
		(9 gouvernements)	(Kouban, Stavropol, Mer Noire, Téreque).
	mille têtes	millions	millions
Chevaux	8,1	5,8	1,7
Bêtes à cornes	12,4	8,0	3,1
Moutons, Chèvres	15,2	7,4	6,1
Porcs	6,3	4,9	0,9

Si l'on considère ce chiffre de bétail par rapport à la superficie de terre arable et au nombre d'habitants, on voit que
l'Ukraine a moins de bétail pour 1.000 habitants et 1.000 hectares de terre arable que les pays de l'Europe Occidentale. Ceci
ressort avec évidence du tableau suivant, dans lequel une bête à
cornes est donnée comme égale à un cheval, à quatre porcs, à
dix moutons.

	PAR 1.000 HECTARES de terre arable	PAR 1.000 HABITANTS
Ukraine :		
a) (9 gouvernements 1916)	414	483
b) Kouban (1911)	402	804
France (1905)	788	545
Grande-Bretagne (1909)	953	424
Allemagne (1907)	903	509

Si l'on passe maintenant aux différentes espèces de bétail qui font l'objet de l'élevage en Ukraine, on peut voir que l'Ukrainien produit peu de bétail de boucherie et de vaches laitières, tandis que les bêtes de trait, et notamment les chevaux, y sont relativement plus nombreuses qu'en Europe Occidentale. Le tableau suivant en fournit la preuve :

ÉTATS	PAR 100 HECT. DE TERRE ARABLE			PAR 1.000 HABITANTS
	CHEVAUX	BÊTES A CORNES	PORCS	VACHES
Ukraine :				
a) (9 gouvernements) .	151	211	124	102
b) Kouban.	152	216	18	—
France	117	530	280	207
Allemagne.	124	589	632	178
Grande-Bretagne . .	105	620	—	—

L'élevage des moutons producteurs de la laine se fait plus spécialement dans les gouvernements du Sud de l'Ukraine où il y a encore beaucoup de troupeaux de moutons sur les terres des grands propriétaires. Malheureusement, la concurrence des pays transocéaniques est telle que cet élevage est en train de diminuer.

L'élevage du bétail de boucherie et des vaches laitières est lié au développement industriel, beaucoup plus que la culture des céréales. Tandis que les céréales peuvent se transporter au loin sans aucune difficulté d'ordre technique, les produits de l'élevage et de la laiterie demandent un outillage spécial de transport : glacières, voitures, wagons et bateaux frigorifiques, et quelques-uns même ne sont pas du tout transportables. Pour le développement de l'élevage intensif, il faut avoir des marchés à proximité, des grandes villes, parce que la population des villes consomme davantage de viande que celle des campagnes. C'est pourquoi le développement de l'élevage intensif en Ukraine, lequel est la base du développement de la culture intensive, est lié directement au progrès industriel qui, comme nous le verrons plus loin, a été jusqu'à maintenant entravé.

Il est indubitable que l'Ukraine a absolument besoin d'une

politique économique indépendante. La politique du gouvernement central, qui absorbait l'industrie du centre de la Russie, a gardé jusqu'ici à l'Ukraine son seul caractère de pays agricole et a ainsi nui au progrès de l'agriculture elle-même. L'inténsification de l'agriculture doit être en Ukraine le pivot de la politique économique.

La réforme agraire, c'est-à-dire la répartition des grandes propriétés parmi les paysans, ne peut pas seule résoudre la crise agricole qui sévit en Ukraine. Le parcellement des terres ne peut pas augmenter la surface arable et, par conséquent, ne peut pas détruire la cause principale de la crise agricole, qui est la surpopulation des campagnes. Il y aurait deux remèdes à cette crise : d'une part, l'intensification de l'agriculture et le développement de l'élevage intensif du bétail et de la volaille, et, d'autre part, l'industrialisation du pays qui ouvrirait des débouchés à la main-d'œuvre inutile à la campagne, et fournirait des marchés aux produits de l'agriculture intensive.

2. L'Exploitation du sous-sol.

a) *Observations générales.*

Pour que le développement économique indépendant d'un pays soit possible, pour que le développement harmonique de ses forces puisse s'effectuer, pour que soit créé l'organisme qui peut assurer à son existence les principales conditions matérielles, il faut que ce pays possède les matières premières les plus indispensables, les sources d'énergie les plus nécessaires à l'industrie, c'est-à-dire le combustible (ou ce qui le remplace, la *houille blanche*, par exemple), un peuple laborieux et une porte ouverte sur les autres pays.

Nous avons déjà vu que l'Ukraine possède une grande quantité de matières premières produites par l'agriculture et l'élevage. Elle a du blé en surabondance, des betteraves pour les sucreries, du tabac pour les manufactures, des plantes oléagineuses, etc. L'élevage lui fournit les matières premières (peau, laine, etc.) nécessaires à l'industrie du vêtement, de la cordonnerie et même à l'industrie chimique. Nous allons voir qu'elle possède encore d'autres éléments qui concourent à son progrès indépendant économique.

Ce sont d'abord de grands gisements de combustible minéral : les mines de charbon du Donetz ukrainien, puis les riches minerais du bassin de Krivoirog et de la péninsule de Crimée, près de Kertch, le manganèse (métal si rare dans le reste de l'Europe), les pétroles si abondants en Galicie, au Kouban et au Terech étroitement lié par ses colons à l'Ukraine Orientale, les mines de sel du Donetz, et de vastes gisements de kaolin.

b) *Les charbonnages.*

On sait que c'est sur le territoire ukrainien que sont situés le bassin houiller et le bassin d'anthracite du Donetz, le premier dans sa presque totalité, le second dans sa plus grande partie. Le reste du bassin se trouve dans la partie du Don qui appartient à la Grande-Russie. L'ensemble du combustible minéral (houille et anthracite) extrait par l'Ukraine dans le Donetz s'élève à 95 % de la production totale de ce bassin tout entier. Le tableau suivant le démontre avec une évidence complète :

ANNÉE	PRODUCTION TOTALE DU DONETZ			PRODUCTION DU DONETZ UKRAINIEN		
	HOUILLE	anthracites	OUVRIERS	HOUILLE	anthracites	TOTAL
	millions de tonnes	millions de tonnes		millions de tonnes	millions de tonnes	millions de tonnes
1913	20.5	4.5	168.500	20.3	3.5	23.8
1914	22.5	5.2	185.800	22.3	3.9	26.2
1915	21.5	5.2	180.600	21.3	3.7	25.0
1916	22.5	6,3	235.000	22.2	4.4	26.6
1917	19.2	6.0	279.000	19.0	4.3	23.3

Cette production de combustible minéral ne peut assurément pas se comparer à la production des Etats-Unis, de l'Angleterre ou de l'Allemagne; mais on peut la mettre sur le même rang que celle de la France, de la Belgique et de l'ancienne Autriche. Quant à l'Italie, on sait qu'elle ne produit aucun charbon, ce qui ne l'empêche pas d'occuper sa place parmi les grandes nations. L'Ukraine, par sa production minière, occupe le cinquième rang et vient immédiatement après la France. Mais elle est loin d'extraire tout le charbon que le bassin pourrait fournir. Du moins, l'échelle de l'extraction poursuit-elle une ascension des plus satisfaisantes.

En 1873, la production était de   0,6 millions de tonnes.
En 1890   —   3,0   —
En 1900   —   11,2   —
En 1910   —   16,7   —
En 1913   —   25,0   —
En 1916   —   26,6   —

Cette production est loin d'épuiser le gisement de charbon qui est pratiquement inépuisable. Le Comité géologique de l'ancienne Russie évalue les gisements du Donetz à près de 60.000 millions de tonnes, c'est-à-dire qu'en prenant pour base l'extraction annuelle actuelle il faudrait plus de deux mille années pour épuiser le bassin.

Le développement de l'industrie minière en Ukraine est dû en grande partie aux capitaux étrangers, surtout aux capitaux français et belges. Quand le syndicat des entreprises minières du bassin du Donetz se constitua pour unifier la vente des charbons, il choisit Paris comme siège administratif.

Une opinion très répandue veut que le bassin du Donetz soit plus nécessaire à l'industrie russe qu'à l'industrie ukrainienne et que, pour exister économiquement, la Russie ait besoin de plus de la moitié de ce bassin. Les faits prouvent le contraire. Plus des trois quarts de la production totale du Donetz sont toujours restés en Ukraine, et la métallurgie ukrainienne à elle seule consomme plus de 3o % de la production totale des charbons du Donetz. La Russie occidentale et septentrionale, au Nord de Moscou et à l'Ouest de Minsk, ne consomme que du charbon venu d'Allemagne ou d'Angleterre. En réalité, il n'y a pour consommer du charbon du Donetz que le chemin de fer du Nord de l'Etat, et il n'y trouve pas son avantage, puisque le charbon du Donetz lui revient plus cher que le charbon anglais. La région industrielle de Moscou n'a pas consommé constamment d'une manière régulière le charbon du Donetz; elle l'a souvent remplacé par le naphte de Bakou, le bois, la tourbe et le charbon des régions minières qui se trouvent aux environs de Moscou.

C'est pendant la guerre seulement, alors que le blocus de la mer Baltique empêchait l'arrivée des charbons anglais, que la Russie a commencé à transporter les charbons du Donetz jusqu'à Pétrograd. Mais, même alors, le centre de consommation de ce charbon est resté dans le Sud, en Ukraine, bien que, suivant sa politique stupide, le gouvernement central ait organisé dans les seules régions de Pétrograd et de Moscou ses usines de guerre, empêchant par cette méthode le développement de l'industrie de guerre en Ukraine et ruinant, de ce fait, la défense de tout le pays pendant la guerre (ce qui précipita l'effondrement du front oriental des Alliés).

Les prétentions des Russes sur le bassin du Donetz ne sont

donc pas aussi bien fondées que ceux-ci le disent. Quand le charbon étranger pourra s'acheminer à travers la Baltique et **si la**
Russie veut se donner la peine de développer la production de ses
propres régions minières, la question du bassin minier du Donetz
n'aura plus pour elle une grande importance.

c) *Le minerai et la fonte.*

Ce qui rend possible le développement économique indépendant de l'Ukraine, c'est surtout l'existence, dans les mêmes
régions, d'immenses gisements de houille, de minerai et de manganèse. et la possibilité d'obtenir du coke de la plus grande partie
du charbon que donne le Donetz.

Il y a, en Ukraine, deux régions principales de minerai :
celle de Krivoï-Rog, dans le gouvernement de Kherson, et celle
de Kertch, dans la péninsule de Crimée.

La première région, possède un minerai extrêmement riche
(65 % de fer pur). Malheureusement, ses gisements ne sont. pas
très importants. Le minerai de l'autre région est moins riche
(42-44 % de fer pur); mais les gisements sont plus considérables.

L'extraction du minerai en Ukraine se présente de la manière
suivante :

ANNÉES	KRIVOÏROG	KERTCH	TOTAL
	millions de tonnes	millions de tonnes	millions de tonnes
1913	6.5	0.5	7.0
1914	4.9	0.5	5.4
1915	3.8	0.3	4.1
1916	5.2	0.3	5.4

Non seulement l'Ukraine assure l'approvisionnement de son
industrie métallurgique; mais, avant la guerre, elle exportait de
500.000 à 1.000.000 de tonnes de minerai en Europe occidentale.

surtout en Allemagne et en Angleterre. Elle en exportait aussi en Russie et en Pologne.

On sait combien le manganèse est nécessaire pour la fonte spéciale et l'acier. Dans l'extraction de ce métal, l'Ukraine occupe le troisième rang, tout de suite après le Caucase et l'Inde, avec une production de 2 à 3 millions de quintaux. Le principal gisement est près de Nicopol, non loin de la partie méridionale du bassin du Donetz.

Les conditions très propices dans lesquelles se trouve l'Ukraine ont permis de développer son industrie métallurgique qui, dans l'économie ukrainienne, se place tout de suite après l'agriculture.

Toute la métallurgie de l'ancienne Russie méridionale, à l'exception d'une seule usine, se trouve sur le territoire ukrainien. Elle s'est développée au cours des trente dernières années, et surtout au début du xx° siècle.

La production métallurgique ukrainienne, comparée à la production totale de la Russie, est la suivante :

ANNÉES	FONTE EN UKRAINE	FONTE TOTALE EN ANCIENNE RUSSIE
	par millions de tonnes	par millions de tonnes
1913	3.1	4.7
1914	3.1	4.3
1915	2.8	3.7
1916	2.9	3.7

Ainsi l'Ukraine produit près de 70 % de la totalité de la fonte produite en ancienne Russie; et elle se place de ce fait au cinquième rang, immédiatement après les Etats-Unis, l'Allemagne, l'Angleterre et la France.

Plus encore que l'industrie minière, l'industrie métallurgique ukrainienne a eu besoin, pour s'accroître, des capitaux étrangers, et plus particulièrement des capitaux français et belges.

L'industrie métallurgique s'étant développée surtout au

cours des trente dernières années, les usines et l'outillage sont des plus modernes.

Les grandes usines métallurgiques sont au nombre de 17 et ont ensemble plus de 5o hauts-fourneaux. Quelques-unes d'entre elles produisent plus d'un demi-million de tonnes de fonte chaque année. En 1915, la métallurgie industrielle occupait 72.000 ouvriers; et, au début de 1918, elle en occupait 96.000. Outre la fonte. ces usines métallurgiques produisent du fer et de l'acier à l'état brut, des rails, des roues, des arcs, des tuyaux, du fil de fer, etc.

En 1913, l'Ukraine a produit en fer et en acier, 2,4 millions de tonnes, et en 1916, elle en a produit 2,2 millions de tonnes, soit 64 % de la production totale de l'ancienne Russie. L'Ukraine, qui produit moins d'acier que de fonte, exporte une partie de sa fonte en Russie et en Pologne où elle est travaillée.

La guerre incessante que l'Ukraine a à soutenir contre les bolcheviks a presque arrêté le travail des usines et celui des mines; mais ce serait une erreur de croire que les usines et les mines ont été détruites. Quand la vie reprendra son cours normal, les usines comme les mines pourront de nouveau s'ouvrir et travailler comme par le passé, avec, bien entendu, l'apport des capitaux étrangers, car sans leur concours, la reprise du travail serait des plus difficiles.

Quant aux débouchés nécessaires à l'écoulement des produits de la métallurgie ukrainienne, il est à croire que l'Ukraine n'aura pas à les chercher, du moins pendant les années prochaines. D'une part, les besoins de fer de l'Ukraine seront considérables, car il faudra reconstruire les chemins de fer et les usines. D'autre part, ce n'est pas parce que l'Ukraine aura recouvré son indépendance que la Russie, qui était le marché où s'écoulaient les produits métallurgiques de l'Ukraine, cessera d'avoir besoin des mêmes produits.

d) *Le pétrole.*

L'industrie pétrolifère a deux centres principaux en Ukraine : le premier en Galicie, le deuxième dans le Kouban et le Tereque

Les gisements de pétrole en Galicie sont situés au pied des Carpathes. à Borislav et à Toustanivici; et le territoire ukrainien fournit plus de 85 % de la production totale de toute la Galicie.

La production totale des mines pétrolifères de la Galicie se chiffre ainsi :

1907.	17.5 millions de quintaux.
1911.	14.9 —
1913.	10.6 —
1915.	6.0 —
1916.	10.0 —

Pendant la guerre l'industrie pétrolifère de la Galicie a subi un moment d'arrêt; mais, dès la cessation des hostilités, elle avait commencé à revivre, et la production augmentait dans des proportions considérables.

Les deux principales régions pétrolifères du Caucase septentrional sont : la région du Kouban, près de Maïkop, et celle de Grosni, dans le bassin du Terech.

La première région a absorbé beaucoup de capitaux anglais, mais sans grand succès. L'extraction du naphte, après avoir atteint le chiffre d'un million et demi de quintaux, est tombée à un demi-million.

La région de Grosni est beaucoup plus importante et semble avoir un grand avenir; sa production de naphte progresse rapidement : de 12,5 millions de quintaux en 1913, elle est passée à 17,5 millions de quintaux en 1916. Si, pendant la guerre, alors que les conditions de transport étaient très précaires, il a fallu arrêter le travail des pompes à fermer les jets, la production possible, en 1917, n'en a pas moins été évaluée à près de 40 millions de quintaux.

Ainsi, la production annuelle effective de naphte a été, en Ukraine, de plus de 30.000.000 de quintaux; et la possibilité de cette extraction est telle que l'Ukraine n'est pas seulement assurée de cette matière première, mais qu'elle peut encore en exporter une grande quantité en Russie et aussi en Europe occidentale, soit par voie de terre, soit par voie de mer.

Au total, les conditions naturelles qui peuvent favoriser le développement économique de l'Ukraine et lui permettre d'exister comme Etat indépendant sont excellentes.

Outre les matières premières dont il a été parlé, l'Ukraine possède encore du sel, du kaolin, du mercure, des phosphorides, etc. Si (comme la plupart d'ailleurs des grandes nations) elle ne produit pas de coton, elle produit un grand nombre d'autres textiles, tels que le lin, le chanvre, sans compter la laine fournie par ses troupeaux.

3. L'INDUSTRIE MANUFACTURIÈRE.

a) Observations générales.

Bien qu'elles n'aient manqué ni de matières premières ni de main-d'œuvre, les industries manufacturières ukrainiennes, à l'exception de quelques-unes, se sont peu développées.

Si l'on remonte le cours de l'Histoire, on voit que l'industrie manufacturière s'est d'abord installée au centre de la Russie, aux environs de Moscou où les grands manufacturiers devinrent assez puissants pour obtenir l'appui du gouvernement contre la concurrence des manufactures établies dans les autres régions de la Russie. Les capitaux, les écoles techniques, les commandes de l'Etat, tout enfin, fut centralisé à Moscou, puis à Pétrograd. Les manufactures éloignées de ces deux centres furent ainsi placées dans une situation défavorable.

En 1914, la situation industrielle dans les neuf gouvernements de l'Ukraine se présentait comme suit :

INDUSTRIES	USINES	OUVRIERS	POURCENTAGE d'usines ukrainiennes par rapport au chiffre total des usines de l'ancienne Russie	POURCENTAGE d'ouvriers ukrainiens par rapport au chiffre total des ouvriers de l'ancienne Russie
			pour cent	pour cent
I Coton	11	191	1.3	0.04
II Laine	43	5.881	3.5	4.8
III Soie	—	—	—	—
IV Lin, chanvre, jute.	32	5.935	15	7.6
V Divers textiles . .	12	702	1.2	1.0
VI Papier, imprimerie				
a) papier . . .	73	6.195	18	13
b) imprimerie. .	195	6.888	23	16
VII Bois, scierie, menuiserie	368	13.415	19	12
VIII Mécanique, serrurerie, charpente .	486	69.431	24	20
IX Céramique. . . .	440	38.504	30	22
X Déchets: peau, savon cuir, bougie, etc.	71	2.685	12	5
XI Alimentation				
a) Minoterie . .	509	10.608	45	29
b) Sucreries et raffineries . .	210	129.256	73	76
c) Divers . . .	909	30.256	32	22
XII Chimie	71	9.047	16	12
XIII Divers	31	2.428	—	
TOTAUX. . . .	3.461	331.690	25	17

Dans ce tableau ne sont pas comprises les industries du charbon et des minerais dont il a été précédemment parlé. La petite industrie n'y figure pas non plus.

Pour se rendre compte du développement de l'industrie en Ukraine, il faut se rappeler que la population des neuf gouvernements constitue la cinquième partie de la population totale de l'ancienne Russie européenne, tandis que le chiffre des ouvriers dans la moyenne et la grande industrie ne forme que 17 % de la totalité des ouvriers des industries similaires en Russie. C'est dire qu'en Ukraine l'industrie est un peu moins active que dans les autres parties de la Russie ancienne. Cependant, les industries du sucre et de la minoterie sont plus importantes en Ukraine qu'en Russie, et la mécanique et la céramique y sont aussi développées.

D'une manière générale, seules sont développées en Ukraine les industries qui trouvent dans le pays des conditions naturelles beaucoup plus propices que dans les autres parties de la Russie ancienne ou qui, au point de vue technique, ne peuvent exister que là où se trouvent les matières premières nécessaires à leur alimentation.

b) *L'industrie textile.*

L'industrie la moins développée est l'industrie textile. Bien qu'en ce qui concerne le transport du coton de l'étranger et du Turkestan, l'Ukraine ne soit pas moins favorisée que la Russie, bien qu'au point de vue de la soie et de la laine, elle jouisse de conditions plus avantageuses et qu'elle ait sur place le charbon nécessaire et beaucoup de main-d'œuvre, cette industrie textile est restée à l'état embryonnaire. Le Nord du gouvernement de Tchernigov possède des fabriques de lainage assez importantes; la fabrication des sacs de toile, des cordes, des toiles à voile, est suffisamment développée à Odessa, à Karkov, et dans le Nord du gouvernement de Tchernigov : et c'est tout.

c) *La Métallurgie et la mécanique.*

Au chapitre de l'industrie minière il a été parlé du développement considérable de la métallurgie. Les grandes usines métallurgiques ont créé, au cours des dernières années, ainsi que pendant la guerre, des ateliers spéciaux pour travailler leur fer et leur acier, pour fabriquer des produits ouvrés, pour construire des locomotives, des cadres de wagons, des ponts en fer et fournir du matériel de guerre.

En Ukraine, il y a, pour la construction des locomotives, trois grandes usines dont la production suffit aux chemins de fer ukrainiens. Au bord de la mer Noire, à Nicolaïev, des ateliers très vastes ont été créés pour la construction des navires de guerre et de commerce.

En ce qui concerne la construction des machines agricoles, l'Ukraine a, à l'heure actuelle, plus de 80 usines, grandes et moyennes, dont la production totale s'élève à 150 millions de francs. Avant la guerre, elle a exporté en nombre considérable quelques-uns de ses modèles dans la Grande-Russie.

Pendant la guerre, l'industrie électro-technique a commencé à s'organiser en Ukraine. Une importante usine pour la fabrication des machines et des appareils électro-techniques a été construite à Kharkov.

d) *L'Industrie sucrière.*

L'Ukraine convient mieux que tous les autres pays de l'Europe à la culture de la betterave sucrière, à cause de son climat et de son terrain gras. Il est vrai que le rendement des récoltes de betteraves y est de 30 % moindre à l'hectare qu'en France et qu'en Autriche et de 40 % moindre qu'en Allemagne, en Belgique et en Hollande. Mais la betterave ukrainienne est plus sucrée que celle de tous les autres pays, l'Allemagne exceptée.

L'industrie ukrainienne du sucre forme 85 % de l'industrie sucrière de toute la Russie, y compris la Pologne russe. Au cours de la campagne sucrière de 1914-1915, l'Ukraine possédait 222 sucreries sur 265 que possédait toute l'ancienne Russie. La superficie du sol ensemencé en betteraves était de 685.000 hectares sur 797.000 que comptait l'ancienne Russie tout entière. La récolte de betteraves s'éleva à 11,1 millions de tonnes, et la production du sucre atteignit 17.800.000 quintaux sur 20 millions 700.000 quintaux produits par toute la Russie, c'est-à-dire que cette production fut de 87 % de la production totale de l'ancienne Russie et plus d'un cinquième de la production mondiale du sucre de betterave.

L'Ukraine occupe la deuxième place dans la production du sucre de betterave et vient immédiatement après l'Allemagne qui, pendant la campagne 1914-1915, a donné 25.000.000 de quintaux de sucre de betterave. La production de la France avant la guerre n'était que le tiers de la production ukrainienne.

Après la guerre, cette production est plus de deux fois inférieure à celle d'avant la guerre; mais les rendements des pays concurrents, l'Allemagne et l'Autriche, ont diminué dans les mêmes proportions.

Le centre de l'industrie sucrière se trouve dans les gouvernements de Kiev, de Podolie, de Kharkov et dans la partie ukrainienne du gouvernement de Koursk : c'est là qu'ont été concentrées les sucreries et les grandes raffineries.

Les progrès de l'industrie sucrière en Ukraine ont été fort rapides. Au cours des dix campagnes sucrières de 1905 à 1915, la superficie des terres ensemencées en betteraves a augmenté de 70 %, et la production du sucre de plus de 100 %. Néanmoins l'industrie sucrière ukrainienne n'a pas atteint son point culminant. Même dans les gouvernements de Kiev et de Podolie, la superficie des champs ensemencés en betteraves sucrières peut être doublée; dans les gouvernements de Kharkov et de Koursk, elle peut être quadruplée; dans les autres parties de l'Ukraine, elle peut être développée à l'infini.

e) *La Minoterie.*

Tout de suite après l'industrie du sucre se place la minoterie.

Il existe sur tout le territoire de l'Ukraine un grand nombre de petits moulins (plus de 50.000) où les particuliers viennent moudre le blé nécessaire à leur ménage. A côté de ces moulins privés, l'Ukraine possède plus de 800 grands moulins c'est-à-dire plus de 35 % de la totalité des grands moulins de toute l'ancienne Russie. La farine provenant de ces grands moulins est d'ailleurs consommée pour la plus grande partie dans le pays même, car l'exportation de céréales de l'Ukraine en Europe occidentale se fait sous forme de blé à l'état naturel.

f) L'Industrie de l'alcool et du tabac.

L'industrie de l'alcool est assez développée. Dans les neuf gouvernements, pendant la campagne 1912-1913, la production d'alcool a été de près de 4.000.000 d'hectolitres, soit le quart de la production de l'ancien empire russe. L'Ukraine possède plus de 500 distilleries. Par contre, elle a peu de brasseries. Sans doute elle produit plus de la moitié du houblon récolté en Russie; mais ce houblon est exporté en Allemagne. Les brasseries ukrainiennes ne fournissent que 2.000.000 d'hectolitres, c'est-à-dire 17 % de la production totale de l'ancienne Russie.

Notons qu'en Ukraine les manufactures de tabac sont au nombre d'une centaine et que leur production s'élève à 100 millions de francs pour 25.000.000 de kilogrammes de tabacs. Le tabac brut non utilisé en Ukraine est expédié aux manufactures de la Grande-Russie.

g) L'Industrie céramique.

Nous avons vu que cette industrie est plus développée en Ukraine que dans toute autre région de l'ancien empire russe.

En plus des briques, des tuiles et des tuyaux qui se fabriquent sur tout le territoire de l'Ukraine, l'industrie céramique ukrainienne fournit encore de la faïence, de la porcelaine et du verre, ainsi que du ciment « Portland ». Les fabriques de faïence, de verre ne sont pas aussi nombreuses que le permettraient les conditions très favorables qu'offre l'Ukraine; c'est ainsi qu'il n'y a encore que 12 faïenceries et 30 verreries, pour la plupart dans les gouvernements de Kiev, de Volhynie et de Karkov. Il y a 12 usines de ciment qui sont presque toutes dans le gouvernement d'Ekaterinoslav et sur les bords de la Mer Noire, près de Novorussisk. Ces derniers centres peuvent fournir tout le ciment nécessaire à la construction des nombreuses habitations et édifices qui s'élèvent sur les rivages de cette Mer.

h) *L'Industrie chimique.*

Cette industrie a réalisé pendant la guerre des progrès considérables. Actuellement, l'Ukraine est en situation de lui donner un développement tel qu'elle soit à même de satisfaire tous les besoins du pays en produits bruts chimiques. L'Ukraine a trois grandes usines pour la fabrication de la soude dont la production s'élève à un demi-million de quintaux. La production de l'acide sulfurique atteint 1.000 quintaux; celle de l'acide nitrique a, pendant la guerre, décuplé et arrive à 150.000 quintaux. Mais la production principale est celle des dérivés du coke, tels que le benzol, le solvent, l'ammoniaque, la naphtaline, etc. Grâce au bassin du Donetz, l'Ukraine peut désormais fournir tous les produits chimiques qu'elle recevait naguère d'Allemagne.

4. COMMERCE EXTÉRIEUR.

L'aperçu que nous avons donné sur l'agriculture et sur l'industrie de l'Ukraine permet de voir tout de suite quels sont les produits sur lesquels s'exerce le commerce extérieur de ce pays.

Il va sans dire que la première place dans l'exportation appartient aux céréales et aux autres produits agricoles. Si l'industrie fournit quelques matières premières et quelques objets manufacturés à l'étranger, son rôle au point de vue de l'exportation n'en est pas moins secondaire, pour l'instant.

L'importation consiste principalement en produits manufacturés, et surtout en produits de l'industrie textile : tissus, étoffes, draps, lainages, vêtements confectionnés.

Le fait que l'Ukraine n'importe que peu de matières et en exporte beaucoup montre que ses conditions naturelles lui permettent d'obtenir très vite un développement que de mauvaises conditions de culture générale et la déplorable politique économique de l'ancien empire russe ont empêché jusqu'ici.

Si l'on prend les neuf gouvernements de l'Ukraine, sans tenir compte du Kouban, de la Galicie et de quelques autres parties des gouvernements voisins qui appartiennent ethnographiquement à l'Ukraine, on voit que la balance de son commerce extérieur est égale à un peu plus de la moitié de la balance du commerce extérieur total de la Russie des tsars. Pour les années 1909-1913, l'exportation ukrainienne a été de 1.900 millions de francs, et son importation de 1.300 millions de francs. Pendant la même période, la balance du commerce extérieur des autres pays a été la suivante :

PAYS	EXPORTATION	IMPORTATION	TOTAL	POPULATION
	Par Millions de Francs	Par Millions de Francs	Par Millions de Francs	Millions d'habitants
Russie (1909-11)	3.600	2.600	6.200	160 à 170
Italie. . . . . . . , .	2.500	3.600	6.100	35.5
France	6.300	8.400	14.700	40
Autriche-Hongrie . .	2.900	3.500	6.400	52

La balance du commerce extérieur de l'Ukraine peut donc se placer d'ores et déjà sur la même ligne que celle de l'ancienne Autriche-Hongrie et que celle de l'Italie.

L'exportation pour ses neuf gouvernements se décompose ainsi :

	millions de francs	
Céréales.	1.000	64 0/0 du total.
Elevage : Volaille, Bétail .	150	64 0/0 —
Sucre.	425	22 0/0 —
Fer brut et ouvragé. . . .	200	— —
Minerai	25	2 0/0 —
Autres produits	40	3 à 3 0/0 —

Les neuf gouvernements de l'Ukraine ont exporté près de 50 millions de quintaux de céréales, c'est-à-dire près de la moitié de l'exportation totale de céréales de l'ancien empire russe.

Mais, si à cette exportation des neuf gouvernements on ajoute celle du Kouban, de Stavropol, du Tereque et des autres territoires qui appartiennent ethnographiquement à l'Ukraine, ce chiffre atteint 70 millions de quintaux, ce qui donne le chiffre respectable de 1.400 millions de francs.

Les neuf gouvernements de l'Ukraine ont effectué près de

5o % de l'exportation totale du froment de l'ancienne Russie, et près de 6o % de l'orge. Et si l'on prend toute l'Ukraine dans ses frontières ethnographiques, l'exportation totale du froment et de l'orge au delà de son territoire s'élève à près de 6o % de l'exportation totale des mêmes céréales de l'ancienne Russie.

Presque toute l'exportation des céréales de l'Ukraine se fait au delà des frontières de l'ancienne Russie, en Europe Occidentale. L'exportation des céréales de l'Ukraine en Russie n'a jamais été bien importante; elle ne forme pas 15 % de la totalité de l'exportation des céréales ukrainiennes.

Il en est de même pour ce qui touche l'exportation des produits de l'élevage. La plus grande quantité de ces produits : œufs, volaille, peaux, etc., est expédiée en Europe Occidentale. Il n'y a que le bétail destiné à la boucherie, et notamment les bêtes à cornes, qui soit dirigé vers le Nord de la Russie, et en majeure partie vers la Pologne.

Tout au contraire, c'est la Russie qui offre le débouché le plus important à l'exportation des autres denrées, et surtout du sucre. L'exportation totale du sucre au delà des frontières de l'Ukraine a atteint 9 et 10 millions de quintaux par an; et 1/5 seulement de cette exportation s'est effectué au delà des frontières de l'ancienne Russie, principalement vers les marchés de la Perse et de la Turquie. Néanmoins, quand la campagne sucrière est très abondante, l'Ukraine exporte aussi ses sucres en Europe Occidentale, jusqu'en Angleterre, mais à de bas prix.

L'Ukraine exporte de grandes quantités de fer, sous forme de fonte, de fer brut et aussi de rails, de poutres, de tuyaux, etc.

Quant aux objets de l'industrie fine du fer, l'Ukraine en importe plus qu'elle n'en exporte; et, en fait de machines, elle ne vend à l'étranger que des machines agricoles. Presque tout le fer exporté et presque toute la fonte sont vendus dans les limites du territoire de l'ancienne Russie et en Pologne. L'Ukraine n'a eu en effet jusqu'ici, pour son industrie métallurgique, aucun accès sur les marchés de l'Europe Occidentale. Cependant, au cours des années qui ont précédé la guerre, elle commençait à diriger son fer vers la Turquie, vers les Balkans et jusqu'en Italie et en Égypte.

Il semblerait donc que, pour la vente de ses sucres et de

ses fers, au moins, l'Ukraine soit tributaire de la Russie. Mais il ne faut pas oublier que le sucre comme le fer sont des produits de première nécessité; et la guerre terminée, l'Ukraine n'aura pas à redouter la perte des marchés russes pour l'écoulement de son sucre et de son fer. La Russie absorbera toujours ces deux produits ukrainiens, si l'Ukraine ne trouve pas dans les autres pays des débouchés plus avantageux. L'indépendance de l'Ukraine n'empêchera pas la vente en Russie du sucre, du fer ni même du charbon.

Les produits manufacturés, et surtout les produits de l'industrie textile, forment plus de la moitié du chiffre des produits importés en Ukraine. Les seuls produits de l'industrie textile, tels que les étoffes, les tissus, les vêtements confectionnés, comptent pour 55 % dans l'importation totale des neuf gouvernements de l'Ukraine.

Tissus, étoffes, vêtements et autres produits de l'industrie textile	700 à 750	millions de francs
Cuirs et objets en cuir	60 à 70	
ALIMENTATION *a)* Poissons	90-100	millions de francs
b) Coloniales : thé, café, épices	60	—
c) Vins	30	—
d) Huile	30	—
Naphte et dérivés	60-70	millions de francs
Bois	30	—
Machines et autres instruments en fer	40	—
Autres produits	100	—

Ce tableau, redisons-le, ne comprend que l'importation des neuf gouverenements de l'Ukraine; et des produits tels que le naphte et l'huile sont considérés comme importation extérieure. Ces produits sont importés du Kouban et des gouvernements situés au Nord du Caucase, lesquels font partie intégrante de l'Ukraine et, par conséquent, doivent être considérés comme objets de commerce intérieur, puisque ces gouvernements font partie de l'Ukraine ethnographique. Il en est de même, du moins en grande partie, pour ce qui regarde l'importation du poisson.

Les objets en cuir, les machines de toutes sortes, les produits coloniaux, le vin sont importés de l'Europe Occidentale.

Seuls, les tissus, les étoffes, les produits de l'industrie textile sont importés principalement de la Russie et en moindre partie de la Pologne : ce qui n'est certes pas avantageux pour l'Ukraine, car elle achète à Moscou et en Pologne des produits de moins bonne qualité que ceux que lui fournirait l'Europe Occidentale à des prix moins élevés.

Il est bon de mentionner que la balance du commerce extérieur de l'Ukraine a toujours été très active. Cette activité a une très grande importance pour l'existence du système monétaire indépendant en Ukraine, parce que cette activité de balance pourra toujours appuyer le change de son argent à l'étranger.

En somme, la situation économique de l'Ukraine n'entrave en aucune façon son développement indépendant, mais, au contraire, elle le fortifie.

5. Les coopératives.

a) *Observations générales.*

Malgré le manque d'instruction dans la population et malgré les lois russes et les difficultés administratives du vieux régime, l'organisation coopérative, en Ukraine, a pris une grande extension (1).

Aussi bien par le nombre des coopératives, que par le nombre de leurs adhérents, l'Ukraine occupait une des premières places dans l'ancienne Russie.

Avant la guerre la situation des coopératives ukrainiennes par rapport aux autres contrées de la Russie se présentait ainsi :

Pour le 1ᵉʳ janvier 1914.

PAYS	TOTAL des coopératives	ENTRES AUTRES COOPÉRATIVES			NOMBRE approximatif d'habitants, en millions	NOMBRE d'habitants pour une coopérative
		De consommation	Crédit Mutuel	Coopératives agricoles		
Ukraine.	6.510	3.075	2.370	992	31.5	4.839
Russie d'Europe. .	15.092	4.407	7.300	3.458	94.5	6.262
Pologne.	3.460	1.366	863	1.230	13.0	3.757
Caucase.	1.209	237	894	128	12.3	10.173
Sibérie.	1.926	865	932	129	9.5	4.932
Russie d'Asie. . .	863	130	686	47	11.2	13.000
Total. . .	29.060	10.080	12.995	5.985	175.0	
Pourcentage de l'Ukraine en proportion avec toute la Russie. . .	22 0/0	31 0/0	19 0/0	17 0/0	18 0/0	

(1) Nous regrettons de ne pouvoir donner les résultats obtenus par les coopératives dans les régions de Kholm, du Kouban, de la Galicie, de la Bukovine et l'Ukraine Hongroise, faute de savoir les chiffres.

D'après ces chiffres déjà anciens, nous voyons que la proportion des coopératives ukrainiennes est de 1 pour 14 habitants, alors qu'en Angleterre, en Hollande et en Belgique, elle est de 1 pour 16, en Finlande de 1 pour 15, en Allemagne de 1 pour 13.

Ce résultat a été obtenu en une vingtaine d'années. Le nombre des coopératives a commencé à s'accroître surtout depuis 1907.

Depuis cette époque, les coopératives ont prospéré.

Au 1ᵉʳ janvier 1914, dans les 9 gouvernements de l'Ukraine, il y avait 2.370 Sociétés coopératives de crédit; un an après, ce chiffre s'élevait à 3.000, augmentant dans une proportion de 27 %.

Cet accroissement se manifesta dans toutes les branches.

Après la révolution, alors que les coopératives pouvaient se développer sans restrictions de la part du Gouvernement, le contrôle de la police étant supprimé, le nombre des coopératives s'est multiplié excessivement par rapport à l'année 1914.

Il n'existe pas aujourd'hui un seul village en Ukraine qui ne compte une, deux ou trois associations coopératives; il n'y a pas de famille non plus qui ne fasse pas partie de quelque coopérative

On peut juger de l'extension prise par les coopératives en Ukraine, après la révolution, en comparant les chiffres des Unions d'Associations coopératives qui en 1915 étaient pour toute la Russie de 10, dont 7 pour l'Ukraine, avec les chiffres de la fin de 1918 qui sont environ de 250 pour l'Ukraine seule et qui englobent pas moins de 15.000 coopératives de tous genres.

b) *Coopératives de consommation.*

Aujourd'hui, nous ne comptons pas moins de 10.000 coopératives de consommation, avec 12.000.000 d'adhérents, presque tous habitants des villages. En comptant cinq personnes par famille, on voit que les coopératives alimentaires groupent la majorité de la population.

Pendant la guerre lorsque les produits atteignaient « artificiellement » des prix que les pays occidentaux n'ont jamais connus, lorsque le marché s'est trouvé privé des objets de première nécessité, les entreprises coopératives sont largement venues en aide à la population; leurs membres parcoururent tout le pays, pour y trouver les objets nécessaires qu'ils revendaient à la coopérative au prix coûtant.

Les Sociétés coopératives de consommation se groupent en des Unions locales. Beaucoup d'elles réunissent des centaines d'associations, et ont des bilans se chiffrant par dizaine de millions de francs.

Au-dessus des Unions coopératives de toute l'Ukraine, se trouve actuellement « L'Union dniprovienne des Unions coopératives de consommation (1) », connue sous le nom de « Dnipro-Soïouze ».

Elle a commencé son action dès les premiers jours de la Révolution, n'en ayant pu obtenir auparavant l'autorisation. Elle a rapidement prospéré. Voici un tableau de sa progression commerciale à différentes époques de l'année 1918 :

	NOMBRE des Unions-Membres	LES CHIFFRES D'AFFAIRES en milliers de karbovanetz (2)	BILAN en milliers de karbovanetz
1ᵉ Janvier	32		4.771.2
1ᵉʳ Juillet	55	6.106.6	14.820.1
1ᵉʳ Novembre	69	10.015.90	28.210.6

Dans le cours de l'année 1918, son capital-actions s'élevait de 316.000 karbovanetz (environ 820.000 francs) à 1.355.000 karbovanetz. Son chiffre de vente, dans la même année, dépassa 58.284.000 karbovanetz. Le nombre des unions-membres est monté de 32 à 75.

Il faut remarquer que ces résultats ont été obtenus, pendant que Kiev et toute l'Ukraine se trouvaient dans la zone de guerre d'abord avec les bolcheviks, ensuite avec l'hetman, alors que,

____

(1) La Fédération des Unions locales.
(2) Un Karbovanetz : 2 Shillings : 2 3/5 Francs.

pendant des mois entiers, l'activité des coopératives était para-
lysée et qu'il était impossible, avec les bolcheviks régnant à Kiev,
de faire des opérations commerciales.

Dnipro-Soïouze possède des usines de savonnerie, de tricots
et de lainage, de faïencerie-émaillerie, de chaussures, auxquelles
il faut ajouter des imprimeries typographiques, des maisons d'éditions, et de dépôts de livres, des écoles primaires et d'instructions
économiques.

Le bureau central de la Dnipro-Soïouze à Kiev, compte plus
de 3oo employés.

La Dnipro-Soïouze a des agences à Kharkiv, Odessa et Vienne.

Désireuse d'entrer en rapport avec l'Union centrale des coopératives de France et d'Angleterre, elle a expédié des mémoires
à cet effet dans ces deux pays, dès que l'Ukraine put se mettre en
relations avec eux.

Dnipro-Soïouze ne s'occupe pas seulement de commerce et
d'entreprises industrielles : elle se propose, dans l'intérêt de ses
membres, un but humanitaire et social qu'elle réalisera de différentes façons. Son rayon d'action est vaste; il comprend : l'instruc
tion en général, l'établissement de statistiques économiques, la diffusion et la propagande des idées de coopération, l'impression de
livres et brochures intéressant les coopératives la rédaction de
deux journaux; enfin l'établissement d'un contentieux pour aider
juridiquement les Sociétés affiliées, et d'un bureau d'assurances,
pour créer et développer dans la population cette question d'assurances, actuellement à l'ordre du jour.

En 1918, l'Union dniprovienne offrit pour l'instruction plus de
3oo.ooo karbovanetz, elle vendit des livres, principalement dans
les villages, pour la somme de 767.ooo karbovanetz; elle organisa
des spectacles, aida au développement des chœurs, et des théâtres
dans les villages, même les plus éloignés des centres. En 1918,
l'Union a édité beaucoup de livres et de brochures traitant la question des coopératives dans le monde entier.

c) *Coopératives de crédit.*

Le gouvernement russe ne s'est jamais montré désireux d'organiser ou de favoriser le moindre mouvement qui eût eu pour but d'améliorer la vie villageoise. La moindre prospérité dans un village lui semblait un grand danger de même que l'instruction du peuple. Mais la vie exige chaque jour du nouveau, puisque chaque jour naissent de nouveaux besoins. Les villageois, cherchant à faire prospérer leurs fermes et leurs ménages, avaient recours le plus souvent à des usuriers qui les exploitaient honteusement. Ils devenaient ainsi leurs victimes et restaient de pauvres travailleurs toute leur vie, voyant leurs dettes augmenter sans cesse, et perdant même souvent tout leur bien.

Nécessitées par les besoins mêmes de la vie, les coopératives de crédit sont nées grâce au concours actif du peuple. On a vu se former des sociétés d'Epargne et de secours mutuel dans les villages; chaque paysan disposant de quelque argent le portait à la caisse de la société de secours mutuel. De cette façon, des avances pouvaient être consenties dans les villages mêmes, aidant à des installations agricoles, tout en ne rapportant aux actionnaires qu'un intérêt très modeste.

Avant la guerre le besoin d'avance d'argent était très sensible dans les campagnes. Tout le monde avait recours à l'emprunt.

La guerre apporta beaucoup d'argent aux paysans grâce aux ventes de bétail à l'armée, et grâce aussi à l'interdiction de boire de l'alcool. Les ménages, étant réduits par le départ des principaux membres de la famille, voyaient leurs dépenses diminuées, et la population n'éprouvait plus le besoin de recourir à l'emprunt. Au lieu de cela, elle portait son argent dans les coopératives de crédit qu'elle avait elle-même organisées.

Au commencement de 1916, dans les coopératives de crédit, en Ukraine, on évaluait la mise de fonds à 218 millions de francs.

Si on se rapporte au bilan général, publié le 1ᵉʳ octobre 1915, on voit que la situation des coopératives, se présente ainsi qu'il suit :

1ᵉʳ OCTOBRE 1915	DANS L'UKRAINE	DANS TOUTE LA RUSSIE	0/0 de toute la Russie
Coopératives	2.914	15.350	19
Membres	2.084.053	10.102.235	20
Sommes déposées en francs	218.000.000	1.229.000.000	18
Bilan en francs	467.000.000	2.192.000.000	21

Les coopératives de crédit comme celles de consommation sont réunies dans les Unions. Quelques-unes de ces Unions sont fortement organisées financièrement et économiquement. Le bilan de l'Union de Kiev des coopératives de crédit en 1918, était de 40 millions de karbovanetz, celui de Kharkiv, plus de 35 millions de karbovanetz, celui de Poltava 15 millions de karbovanetz. Pour appuyer les coopératives, il existe une banque qui, sous le nom « Ukrain-Banque » soutenait les idées des coopératives. L'idée de réunir toutes les coopératives en une seule Union financière centrale, existait déjà depuis longtemps.

En 1911, les organisateurs des Coopératives ukrainiennes firent des démarches pour la fondation d'une *Banque centrale coopérative*, à Kiev, et adressèrent au gouvernement une demande d'autorisation; mais le gouvernement russe a gardé le silence sur le statut pendant six ans, jusqu'à la Révolution; c'est seulement après la Révolution de 1917 qu'on réalisa cette idée et l'Union fonda sa banque sous le nom « *Banque populaire ukrainienne coopérative* » ou « *Ukrain-Banque* ».

L'extension progressive de cette banque s'établit ainsi :

ANNÉE 1918	NOMBRE d'Unions-Membres	LES MISES DE FONDS en milliers de karbovanetz	BILAN en milliers de karbovanetz
Pour le 1ᵉʳ Janvier	39	2.732.2	4.834.6
Pour le 1ᵉʳ Juillet	85	14.628.9	25.641.3
Pour le 1ᵉʳ Novembre	124	17.061.4	46.680.4

Le développement des opérations de la Banque les premiers mois de son existence, exigea l'augmentation du capital déposé. Le premier capital des actionnaires était de 1.000.000 de karbovanetz, divisé en 4.000 actions qui avaient été souscrites au Congrès de la fondation. Au mois de juin la souscription fut renouvelée et portée à la somme de 2 millions de karbovanetz; vers le 15 du mois les actions étaient toutes souscrites; la Banque annonça l'émission d'une troisième souscription pour la somme de 7 millions de karbovanetz.

On ouvrit des crédits aux succursales, on acheta les objets nécessaires, principalement les machines et les outils de culture, du fer, du matériel de construction. En 1918, la Banque acheta pour 44 millions de karbovanetz d'objets divers et les vendit immédiatement; les Unions des Coopératives lui faisaient des commandes diverses pour une somme de 77 millions de karbovanetz.

L'Ukrain-Banque a 13 succursales dans les villes différentes de l'Europe.

On projeta l'ouverture de succursales en Crimée, en Galicie, à Paris, et aux Etats-Unis d'Amérique.

Le bureau central de l'Ukrain-Banque à Kiev compte à lui seul plus de 150 employés.

d) La coopération paysanne-agricole.

D'une façon générale, les Sociétés de coopératives paysannes-agricoles ont un triple but : 1° Organiser la transformation, l'exploitation, le développement des produits venant des petites propriétés; 2° Importer des machines agricoles et les instruments nécessaires aux paysans; 3° Trouver des marchés pour l'écoulement des stocks de céréales, non utilisées pour les besoins de la population ou les semailles.

Tels sont les buts auxquels tendent les Coopératives agricoles, s'efforçant de réaliser par l'association ce que les petits propriétaires n'auraient pu réaliser individuellement. Elles s'associent pour la construction de moulins, d'huileries, de laiteries coopératives, et pour tirer parti de la production agricole. Elles achètent, en commun, les machines agricoles et accessoires, la nourriture pour le bétail, les semences, les greffes pour les arbres des jardins, les graines pour l'engraissement du bétail, et les meilleurs animaux reproducteurs pour l'accroissement du cheptel.

Ces coopératives, enfin, font en commun, la culture de la terre et en vendent les produits, également en commun.

Le nombre de ces coopératives était en 1915, d'environ un millier. Elles ne commencent guère, en somme, qu'à se développer.

Une réunion centrale groupe les coopératives en Union et Sociétés agricoles.

L'Union (Fédération) centrale ukrainienne agricole ou « Central » devait se former en 1913, mais le gouvernement russe ne l'autorisant pas elle s'est réalisée pendant le nouveau régime.

Au mois de janvier, le bilan du « Central » présentait le chiffre de 6.132 millions de karbovanetz (roubles); vers le 1ᵉʳ octobre ce chiffre s'élevait à 11,2 millions. Cette Union englobait 31 unions coopératives et 213 Sociétés coopératives. L'Union possède une grande usine de machines et d'outils qu'elle a achetée à l'ancienne maison Hena pour la somme de 20 millions de roubles.

e) *Fédération éditoriale des coopératives.*

Toutes les grandes unions coopératives, pour développer l'instruction publique et entretenir les masses dans l'idée nationale formèrent une fédération pour les éditions ukrainiennes. L'édition de livres à notre époque est une question très grave. En même temps les demandes de livres ukrainiens après la suppression de l'interdiction de publier des livres en langue maternelle dépasse toutes les productions des maisons d'édition.

L'union commença par éditer toute une longue série de livres se rapportant à toutes les branches de la science.

f) *Comité central des coopératives ukrainiennes.*

Le centre d'idées est le Comité central des coopératives ukrainiennes, qui à la suite du Congrès général des Coopératives ukrainiennes du mois de juin 1917, poursuivit l'œuvre de l'instruction et de l'organisation du pays : et c'est lui qui élabora le statut de cette Union centrale. Ce comité servit de principal facteur d'union entre la législation des coopératives, et les organisateurs, le directeur et le Conseil central.

Ce comité comprend les sections suivantes : 1° *Juridique,* 2° *Statistique,* 3° *Bureau de Presse,* 4° *Bureau de Travail;* 5° *Musée et Librairie;* 6° *Bureau d'édition.* En outre de ces sections, il existe encore plusieurs commissions qui se transformeront bientôt en sections :

1° *Assurances;* 2° *Economie financière;* 3° *Juridique;* 4° *Culturelle.*

Le Comité assure la rédaction d'une grande revue mensuelle consacrée à l'étude théorique des affaires coopératives, sous le titre *La Coopération ukrainienne,* avec la rédaction en chef du professeur Touhan-Baranovsky ainsi que d'un Bulletin hebdomadaire.

Le Comité central des coopératives ukrainiennes, au nom de la Coopération ukrainienne générale, se transforma en *Alliance internationale coopérative* et fut dès lors en relation *avec le monde entier.*

V

LA RECONSTITUTION

DE LA

RÉPUBLIQUE UKRAINIENNE

Deux événements considérables se sont produits en 1917-
1918 : la puissance séculaire de la Russie s'est effondrée et l'Autriche-Hongrie a suivi la Russie dans sa chute, un an plus tard.
Les deux parties de l'Ukraine ont proclamé leurs républiques qui
se sont unies le 3 janvier 1919.

Le mouvement ukrainien avait, en 1917, réalisé une force
immense. Au centre de ce mouvement révolutionnaire se place
la Rada Centrale, qui a été élue, au mois d'avril 1917, par le
Congrès national de l'Ukraine, lequel était constitué par les délégués des municipalités, des nombreuses coopératives de l'Ukraine,
des sociétés politiques, scientifiques, littéraires, etc. Plus tard, la
Rada Centrale s'est ouverte aux représentants des soldats, des
paysans et des ouvriers. La Rada a également accueilli dans ses
rangs les délégués des Juifs, des Russes et des Polonais. Elle a été
le parlement révolutionnaire de l'Ukraine, qui a assumé bientôt
le pouvoir dans tout le pays. Sa popularité était immense.

Le président de la Rada Centrale, le professeur Grouchevsky,
recevait chaque jour de nombreuses députations et des centaines
de télégrammes et de lettres. Dans toutes les villes, dans tous les
bourgs, dans tous les villages, des congrès particuliers de toutes
sortes se réunissaient, qui demandaient unanimement la reconstitution de l'Etat ukrainien, sous une forme indépendante ou sous
une forme fédérative. Et tous ces congrès rendaient hommage à la
Rada Centrale, considérée par eux comme le vrai souverain du
pays.

En mai 1917, la Rada Centrale envoya à Pétrograd une délégation qui demanda la création immédiate d'un Commissariat pour
toute l'Ukraine. Celui-ci devait préparer l'organisation de
l'Ukraine sous la forme d'un Etat lié fédérativement avec la Russie. Mais le gouvernement provisoire repoussa cette demande, ce
qui provoqua dans toute l'Ukraine un mécontentement profond.
La Rada Centrale lança alors un manifeste solennel (premier Uni-
versal) annonçant que, dès ce moment, elle allait elle-même organiser une Ukraine libre. Le 15 juin 1917, elle choisit parmi ses

membres le ministre qui a constitué le Secrétariat général. Le gouvernement de Pétrograd ne pouvait rien contre ce fait; et, après une lutte violente, il reconnut le Secrétariat général et autorisa son fonctionnement en Ukraine. Mais même après cette autorisation, il voulut s'opposer à ce fonctionnement; et cette opposition se manifesta surtout en ce qui concernait la réorganisation de l'armée ukrainienne. Parmi les militaires ukrainiens, il y avait une grande ardeur patriotique, et ces militaires voulaient servir dans des corps purement nationaux.

Le Secrétariat général (et surtout le Secrétaire général de la guerre, le général Petlioura *qui s'est appliqué de toutes ses forces à soutenir le front sud-ouest* au moment de la dernière offensive allemande, en juillet 1917, et jusqu'à l'armistice conclu par les Allemands avec les bolchevistes) favorisa ce mouvement patriotique et s'efforça de l'utiliser en vue de la défense nationale. Mais le gouvernement russe, jusqu'à sa chute (octobre), s'entêta dans son opposition. Et à l'heure où les bolchevistes se sont emparés du pouvoir, les trois quarts du front ukrainien étaient tenus par des régiments russes maximalistes qui ont quitté la ligne de feu.

Le 7 novembre, la Rada Centrale (après la révolution bolchevique) proclama la République ukrainienne par un acte solennel et au milieu d'un enthousiasme indicible de tout le peuple.

En décembre, la France et l'Angleterre envoyèrent leurs représentants diplomatiques (le général Tabouis et M. Bagee) auprès du gouvernement de cette République; et, peu après, les autres Etats déléguèrent des représentants officieux.

Le 9 janvier 1918, l'indépendance complète de l'Ukraine fut proclamée par la Rada Centrale qui, avec son président, constituait le pouvoir suprême et en même temps législatif. Le Secrétariat général (le ministère) représentait le pouvoir exécutif. En même temps, était créé un Tribunal général (cour de cassation), nommé plus tard Sénat. La première monnaie ukrainienne fut mise en circulation en décembre 1917. La minorité en Ukraine, les Juifs, les Russes, les Polonais ont vu tous leurs droits reconnus et ont obtenu une autonomie personnelle.

La Rada Centrale a convoqué une Constituante qui devait

élaborer la Constitution de l'Ukraine et préciser les relations du pays avec la Russie et les autres Etats voisins. Selon la loi électorale de la Rada Centrale (suffrage universel, proportionnel, etc.), les élections ont eu lieu en décembre. La Constituante devait se réunir en janvier 1918; mais la gravité des événements rendit cette réunion impossible.

Le gouvernement ukrainien avait à combattre, d'une part, les bandes bolcheviques qui quittaient le front sud-ouest de la grande guerre et envahissaient toute l'Ukraine, pillant, incendiant, massacrant et répandant un désordre effroyable. D'autre part, il devait combattre les troupes bolcheviques qui envahissaient l'Ukraine du Nord.

Sous cette double menace mortelle, il accepta de signer la paix séparée de Brest-Litovsk, bien que la Rada Centrale adhérât toujours ardemment au principe de la paix générale.

Dès le début de l'occupation de l'Ukraine par les Allemands, une opposition violente se manifesta à la Rada Centrale contre la conduite de l'Etat-major allemand et de ses troupes. Mécontents de cette opposition, les Allemands firent occuper par un de leurs régiments le siège de la Rada qui, dès lors, dut cesser de fonctionner. D'autre part, le quartier général allemand soutint, les armes à la main, le candidat des grands propriétaires du pays, le général Skoropadsky qui fut acclamé par ses partisans hetman de l'Ukraine.

La Rada Centrale avait toujours suivi une politique essentiellement démocratique et avait entrepris de larges réformes sociales, surtout en ce qui concerne la question agraire. Tout au contraire, Skoropadsky eut une politique réactionnaire et suspendit notamment l'exécution des réformes agraires. Les partis ukrainiens s'opposèrent tous au régime introduit par l'hetman qui s'entourait uniquement d'anciens fonctionnaires tsaristes, russes d'origine et sympathiques à l'Etat-major allemand.

Skoropadsky a promulgué une loi fondamentale qui ressemblait étrangement à l'ancienne loi de l'empire russe et qui lui donnait dans le pays les pouvoirs d'un vrai dictateur. Il a rejeté l'idée d'une Constituante, promettant seulement un parlement pour l'heure où la tranquillité serait revenue dans le pays.

Les grands propriétaires, s'appuyant sur les troupes allemandes, exercèrent des représailles sanglantes contre les paysans. Ceux-ci finirent par prendre les armes; ils firent la guerre aux envahisseurs.

Le 14 novembre, le Conseil national ukrainien forma un Directoire qui, s'appuyant sur tout le peuple, se souleva contre l'hetman Skoropadsky. Ce dernier renonça au pouvoir le 14 décembre.

Le Directoire se composait de cinq personnes qui formaient le pouvoir suprême du pays. Il constitua un ministère et réunit les représentants des municipalités, des coopératives, etc., en un conseil qui tint lieu de parlement. Ce conseil a exprimé sa pleine confiance dans le Directoire et a proclamé à nouveau l'indépendance de l'Ukraine.

A la même heure se réalisait l'union avec l'Ukraine occidentale. Il faut rappeler que jusqu'au suprême instant de son existence, l'empire austro-hongrois, désireux d'avoir les sympathies des Polonais, les avait toujours soutenus au détriment des Ukrainiens, et que le dernier ministre des affaires étrangères de cet empire s'était opposé dans l'intérêt des Polonais à la division de la Galicie en deux provinces, comme le revendiquaient les Ukrainiens.

Après l'effondrement de la monarchie des Habsbourg, le peuple ukrainien de l'Autriche avait constitué un Conseil national dans lequel étaient entrés tous les membres ukrainiens du Reichsrat et tous ceux de la Diète de Galicie et de la Bukovine auxquels s'ajoutèrent les représentants des partis ukrainiens et ceux des districts élus dans les congrès des provinces.

Le 19 octobre 1918, le Conseil national proclama la République ukrainienne occidentale. Il chassa les fonctionnaires autrichiens ainsi que les autorités militaires. Il reconnut les droits des minorités polonaises et israélites.

La volonté de tous les Ukrainiens était depuis longtemps de s'unir en un seul Etat. Mais la réalisation de ce grand rêve national était demeurée impossible jusqu'en 1919, par suite de l'opposition autrichienne et polonaise. Mais, le 3 janvier 1919, le Conseil national de la République occidentale, ainsi que le Conseil de Kiev, en exprimant la volonté ardente du peuple, ont pu enfin proclamer l'union des deux Républiques, et la République Occidentale est devenue une province autonome de la République Ukrainienne.

Les deux parties de l'Ukraine ont, dès ce moment, formé une seule République Ukrainienne. Le Directoire exerce le pouvoir suprême. A sa tête se trouve le président Petlioura, général en chef des armées ukrainiennes.

L'Ukraine était envahie d'un côté par les troupes de la République russe des Soviets, et de l'autre côté par les Polonais et les Roumains. Elle dut combattre défensivement sur tous les fronts à la fois.

Présentement, la République ukrainienne demande aux puissances de l'Entente de la reconnaître comme un Etat souverain et de lui donner l'aide morale et matérielle.

Le Directoire a pour tâches principales de chasser les ennemis du pays, d'y faire régner l'ordre et de convoquer la Constituante qui établira la Constitution de la République Ukrainienne.

VI

FRONTIÈRES

DE LA

RÉPUBLIQUE UKRAINIENNE

A la suite de la grande guerre qui vient de bouleverser toute la vie des Etats et des nations, après l'effondrement de quelques puissances séculaires et la naissance d'Etats nouveaux, il n'y a presque pas de pays européens qui aient des frontières définitivement fixées. Celles-ci seront seulement tracées par la Conférence de la Paix.

Le principe que l'Ukraine préconise pour la fixation de ses frontières est le principe ethnographique. Les frontières acceptées par le gouvernement du Directoire et qu'indique la carte ci-jointe s'accordent, sauf de rares et insignifiantes corrections demandées par les raisons géographiques, économiques et politiques, avec ce principe général.

Une telle base de frontières était admise depuis longtemps déjà par la pensée politique du peuple ukrainien, de même que par la Rada Centrale.

Dans les lignes générales, les régions qui doivent former le territoire de la République ukrainienne sont les suivantes : les gouvernements de Kiev, Podolie, Volhynie, Kherson, la Galicie orientale avec la rivière San comme frontière occidentale, la Bukovine ukrainienne, l'Ukraine hongroise avec la région de Lemkys, le gouvernement de Cholm, Podlachie et Pollissyé. En ce qui concerne la Bessarabie, l'Ukraine n'a jamais renoncé à cette dernière; mais elle revendique surtout les districts purement ukrainiens de Khotin et d'Akkerman, ainsi qu'une partie du district d'Ismaïl. Sur la rive gauche du Dnièpr et au sud, elle comprend les gouvernements de Tchernigov, Poltava, Kharkov et Ekaterinoslav, la partie ukrainienne de Koursk, de Voronèje, de Taganrog, de Rostov, la Tauride (y compris la Crimée). Quant au Kouban et à Tchernomore, qui ont aussi une majorité de population ukrainienne, ils forment actuellement une république indépendante de Cosaques; mais tout porte à croire que dans l'avenir ils se réuniront volontairement à l'Ukraine. Le Directoire ukrainien réserve aussi les droits du peuple ukrainien sur les territoires de l'Amour (Zeleny Klyn) et de l'Asie centrale (près du Turkestan) colonisés par les Ukrainiens.

En ce qui concerne le gouvernement de Tchernigov, il convient de dire que la langue de quatre des districts du nord est en majorité grand-russe. Mais les traditions historiques et les intérêts économiques de ce pays le rattachent à l'Ukraine; et c'est pourquoi toutes les municipalités de ce gouvernement se sont, en 1917 et 1918, prononcées avec force en faveur de ce rattachement.

En résumé, la ligne des frontières devrait être la suivante :

Au nord : la frontière part du confluent des rivières Nouretz et Boug, longe la rivière Nouretz jusqu'à la rivière Myanka qu'elle suit jusqu'à sa source, puis se dirige vers Hodychevo et Sourage vers la rivière Narev. Elle longe celle-ci sur tout son parcours englobe en passant Roudnya, puis se dirige vers Trouknovitchi et passe par Smolenitzja, Kosovo, vers Borky et Tchemely, pour atteindre la rivière Chara qu'elle longe, en passant au-dessus du lac Vigonovsky jusqu'en face de Staroselle, Loktychi, Vizna, Tchépely et Pohost. De là elle prend la ligne Ouritcha, Paseky, Slousk, Borova, Novy Step et, entrant vers le Dnièpr, elle l'atteint à quatre verstes au-dessus de Shlobine, dans les limites du gouvernement de Mohilev. Traversant le fleuve, elle passe par Regin, Shepetovitchi, longe la rivière de Soje jusqu'à son confluent avec la Besida dont elle s'écarte pour passer entre Novi Hromyki et Sviatske. Elle suit dès lors la ligne administrative du gouvernement de Tchernigov jusqu'à Krasny Rih, passe à Semetz-Troubchevesk pour atteindre la rivière Nerousa qu'elle longe jusqu'à la Siva dont elle suit le cours, ainsi que celui de la Tara qu'elle quitte pour se diriger vers Aleshkovitch, Orlia, puis dans le gouvernement de Koursk à l'est, vers Amogne et Sophronivka, pour atteindre la rivière Svapa. Elle longe d'abord cette dernière, puis la Seym jusqu'à Hloushkov, tourne au sud pour englober Kastorna et Medvinka, reprend la direction orientale pour rencontrer la Seym, passe à Houscheno, Loukyanivka, Stary Oskol, Petropavlovka (Obukhivka), franchit la frontière du Voronèje et passe à Shetalivka, Ripievka et Kolbino avant d'arriver au Don, au-dessus de Korotoiak. Elle longe ce fleuve, puis s'en écarte bientôt pour passer à Lisky, Maslivka, Shestakovo, Nyjnia-Kysla, Kozlivka, Boutouurynivka, Vasylivka (Vodiané), Banna et arriver à la frontière orientale du Voronèje.

A l'est : De Banna la frontière tourne au sud et prend la direction de Hariatchy et Krasnopollia où elle rencontre le Don qu'elle longe jusqu'à Kazanskaia, Mihoulinska, Krasnoiarsky; puis elle passe à Provalsky, Vijinski, Makiévka, Kochary, Sloboda Stepanivka. Elle longe alors la rivière Kalytva en passant par Bolshinska, Kalitvenska, Doubovyi, Pohorilyi, Houst-Biloka-lytvenska; elle tourne au sud et longe le fleuve Donetz dont elle remonte le cours à l'ouest et passe à Bogdanif, Kamenska, Hunda-rivska; elle reprend la direction du sud en passant par Darievsky et file vers Kouteinykovo, Groushevska et Rostov. De là elle s'inflé-chit légèrement à l'est jusqu'à la rivière Kouhaï en passant par Bataïsk et Iliinka; puis elle prend la direction de l'ouest pour passer à Kouchevska, Fkaterynivka et Eisk.

Au delà de cette frontière, il y a une nombreuse population ukrainienne. Aussi la démarcation de cette frontière demandera-t-elle une attention spéciale de la part de la commission appelée à faire le tracé définitif. La partie contiguë du gouvernement d'Ekatérinoslav a appartenu autrefois aux Ukrainiens Zaporogues, et elle a été séparée d'Ekaterinoslav, il y a environ trente ans. et incorporée au Don, pour échapper à la colonisation israélite. Les Israélites sont, en effet, exclus de la région du Don. Ces territoires (deux districts) rentrent dans les limites de l'Ukraine.

Au delà de cette frontière, dans les parties méridionale et orientale, se trouvent les gouvernements de Chernomorya (mer Noire) du Kouban, de Stavropol et une partie du gouvernement de Terskine dont les territoires, habités par des Ukrainiens, doi-vent, d'après le principe des nationalités, être incorporés à l'Ukraine.

Au sud. — La frontière méridionale de l'Ukraine est formée pour la plus grande partie par la mer Noire. La mer d'Azov est entièrement entourée de territoires ukrainiens. La frontière ukrai-nienne renferme la Crimée, puis, se dirigeant vers l'ouest, prend l'île Berezan et Odessa. Elle tourne vers le sud, d'abord légèrement vers l'embouchure du Dnièstr, puis plus franchement pour aller contourner le district d'Akerman, une partie du district d'Ismaïl, l'estuaire du Danube jusqu'à la ville d'Ismaïl. De là, la frontière se dirige vers le nord, du côté de la station de Leipzihska, passe à Novi-Kaoushany et Bender et longe le Dnièstr jusqu'à Krioulany. Elle traverse les districts d'Orhiev et de Soroksky, leur enlevant les territoires où la population ukrainienne se trouve en majorité; elle touche le district de Khotin qu'elle englobe en entier en suivant les limites administratives jusqu'à Novoselytsi; puis elle remonte vers Storoshynets.

A l'ouest. — La frontière politique de l'Ukraine part du confluent des rivières Nouretz et Boug, longe la rivière Boug, puis passe à Drogitchine, Sarnaky, Mejeritcha, Radyn, Pougatchiv, Krasnostav, Shebrishin, Bilhoraï, Tarnograd et Lejaïsk. Arrivée à ce point, elle longe le San vers Yaroslav et Râdymno, puis se dirige vers Dubezko, Sanok, Rimanovo, Doukla, Jmigorod, Horlytza, Grybiv, Stary Santch, Pivnitchna. A partir de Shlachtowâ, elle tourne à l'ouest jusqu'à la frontière hongroise. Elle passe alors par Velyky Lypypok et Lubovna, puis tourne au sud jusqu'à Yakoubiany. De là, elle se dirige vers Hadermark, Torysky, Padprohy, Olshavitsia, Schtelbach, Yaïkivtsi, Bardiévo, Zborovo; elle s'éloigne de la rivière Topla jusqu'à Petkivtsi et passe par Vulkiv, Berestiv, Moshkovtsi, Valachkovtsi, Porouby, Khlivysche, Konioush, Houta, Onokovtsi, Ouchgorod (Ungvar), puis par Radvanka, Korytniany, Komarivtsi, Lutshky, Horotzha, Kloucharka, Pidgorod et Mounkatchevo. A partir de ce point, la ligne s'infléchit vers le sud et passe par Kendeshiv, Lalovo, Remeta, Kvasovo, Koumnata, Egresh, Karatshfalva, Syrma, Veletyn, Boushtino, Urmezovo, Mykovo, Krasne, Ruskovo, Vyshova, Kirlibaba, Rouska Moldavytsa et par Yykyv jusqu'à Storogynets où elle atteint Novoselytza.

Par ces limites ethnographiques ainsi tracées, la République Ukrainienne a pour voisins, à l'ouest, la Roumanie, la Hongrie, les Tchéco-Slovaques et la Pologne, — au nord, la Lithuanie, la Russie-Blanche et la Russie, — à l'est, l'Etat du Don et l'Etat du Caucase, et au sud, la Georgie et la Mer Noire.

CONCLUSION

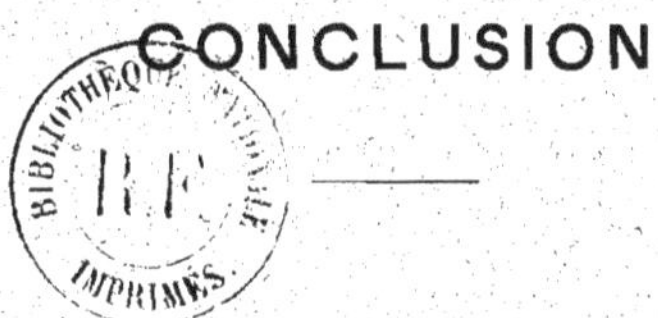

S'appuyant sur l'exposé des faits, tel qu'il est relaté ci-dessus,

La Délégation de la République Ukrainienne a l'honneur de demander :

1° La Reconnaissance de la République Ukrainienne souveraine et indépendante, qui a été constituée par la volonté de son peuple tout entier, sur le territoire Ukrainien appartenant à l'ancienne Russie et à l'ancienne Autriche-Hongrie ;

2° L'admission de la République Ukrainienne dans la Ligue des Nations.

TABLE DES MATIÈRES

Pages

I GÉOGRAPHIE 5

   1. LE TERRITOIRE 7

   2. LA POPULATION 17

II HISTOIRE 25

   1. L'origine du Peuple Ukrainien 28

   2. Le Grand Duché de Kiev (Kyïv), son déclin et la séparation
   du Nord et du Sud 30

   3. La lutte avec les Tatares (l'Etat de Galicie et de Volhynie ;
   Le Grand Duché de Lithuanie et les Cosaques . . . 32

   4. La lutte contre la Pologne et la République Ukrainienne
   des Cosaques 34

   5. L'Union avec la Russie et la lutte pour l'Indépendance . 37

   6. La Renaissance Nationale 41
      a) *En Ukraine de la Russie Ancienne* . . . 41
      b) *En Galicie* 43
      c) *En Bukovine* 48
      d) *En Ukraine Hongroise* 51

Pages

III. LA CULTURE UKRAINIENNE. 53

   1. Langue. 55

   2. La Littérature 57

   3. Le théâtre, la musique et les arts plastiques . . . 60

   4. Les Sciences 61

IV. LA VIE ECONOMIQUE. 65

   1. L'Exploitation des Surfaces . . . 67

     a) *Observations Générales* . . . 67

     b) *Les Forêts.* . . . 71

     c) *L'Agriculture* . . . 72

     d) *L'Élevage* . . . 76

   2. L'Exploitation du Sous-Sol . . . 80

     a) *Observations Générales* . . . 80

     b) *Les Charbonnages* . . . 80

     c) *Le Minerai et la Fonte* . . . 83

     d) *Le Pétrole.* . . . 85

   3. L'Industrie Manufacturière . . . 87

     a) *Observations Générales* . . . 87

     b) *L'Industrie textile* . . . 89

     c) *La Métallurgie et la Mécanique* . . . 89

     d) *L'Industrie Sucrière* . . . 90

     e) *La Minoterie* . . . 91

     f) *L'Industrie de l'Alcool et de Tabac* . . . 92

     g) *L'Industrie Ceramique* . . . 92

     h) *L'Industrie Chimique* . . . 93

Pages

4. Commerce Extérieur 93

5. Les Coopératives 98
   a) *Observations Générales* 98
   b) *Coopératives de Consommation* 99
   c) *Coopératives de Crédit* 102
   d) *La Coopération paysanne agricole* 104
   e) *Féderation editoriale de Cooperatives* . . . 105
   f) *Comité Central des Cooperatives Ukrainienne.* . 106

V   LA RECONSTITUTION DE LA REPUBLIQUE UKRAINIENNE. 107

VI FRONTIÈRES DE LA REPUBLIQUE UKRAINIENNE . . 115

   CONCLUSION 121

LA RÉPUBLIQUE
UKRAÏNIENNE
Echelle au 1 : 4.000.000°
(1 centimètre pour 40 kilomètres)
Chemins de fer Principaux Secondaires
Limites des États et Provinces en 1914
FOREST, Édit. Géog., PARIS.
Mérid. de l'Ile de fer
Prusse Orientale
Mazurie
LITHUANIE
VARSOVIE
POLOGNE
Cracovie
Tarnov
RUSSIE BLANCHE
Vilnius
(Vilna)
Grodno
Bialostok
Minsk
Mohilev
Briansk
Orel
RUSSIE
Koslov
Tambov
Saratov
Siedlce
Berest
(Brest-Litovsk)
Lèsie
Pripet
Dniepr
Tchernyhiv
(Tchernigov)
Desna
Troubtchevsk
Sievsk
Koursk
Voronaj
Novotcherkask
Kemychine
Volga
Kovel
UKRAINE
Jitomir
KYIV (KIEV)
Kharkiv
Don
OLVIV (Léopol)
Volhynie
Podolie
Kamenets
KHARKIV
Poltava
Katerinoslav
Rostov
Novtcherkask
Don
Elisabetgrad
Taganrog
Marioupol
M. D'AZOV
ROUMANIE
Bessarabie
Kichinev
Tiraspol
Odessa
Kherson
Tauride
Crimée
Koubon
Ekaterinodar
Mts du Caucase
STAVROPOL
Simferopol
Sebastopol
MER   NOIRE
GEORGIE

Imp. Robinet-Houtaix, 17, rue Littré, Paris-VIe